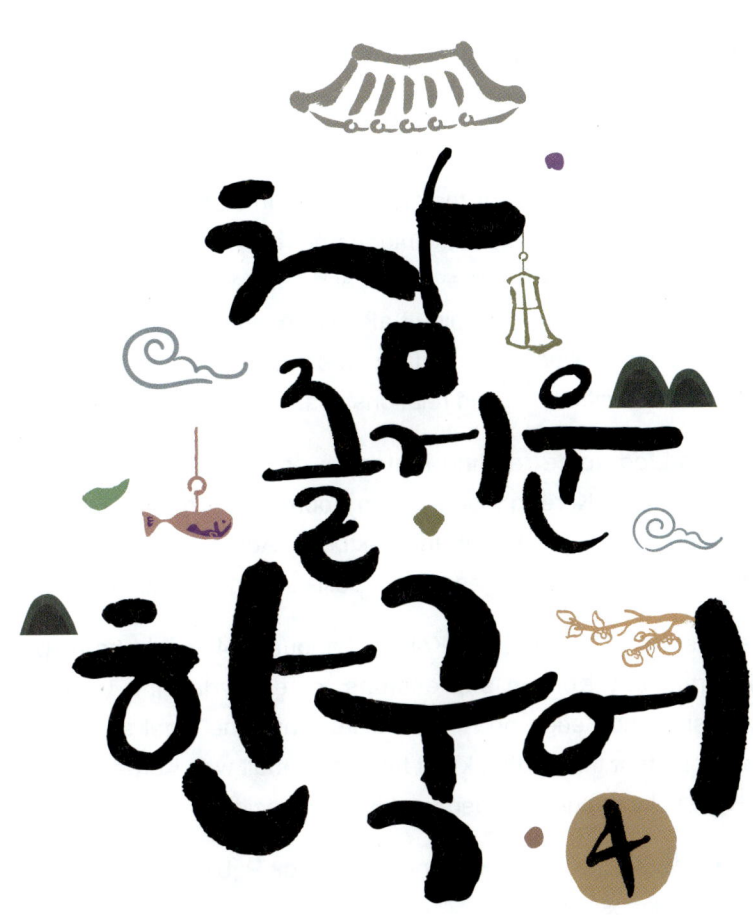

참 쉬운 한국어 ❹

도서출판 참

Preface

As interest in the Korean language is surging thanks to the global Hallyu craze, the number of foreigners who want to learn Korean is ever increasing, and the purpose of learning Korean is also having more diverse aspects. In an effort to keep up with learners' needs, a variety of Korean language textbooks have been published. However, these textbooks in pursuit of expertise put a lot of pressure on Korean language learners with a considerable workload.

In response to the need for a textbook that provides the easiest and the most accessible way to learn Korean able to be spoken in everyday life, we wrote this textbook, 'The Very Fun Korean Language'.

Following the the purpose of the 'The Very Fun Korean Language' series, 'The Very Fun Korean Language 4' keeps the advantages not only of reducing the learning burden of each unit to increase the sense of achievement and satisfaction, but also of improving the efficiency of learning by focusing on the topic. It also keeps the advantages of helping Korean learners learn Korean closely related to their daily lives thanks to the contents of the textbook organized mainly with various situations and relationships.

We have added some reading materials on Korean culture to 'The Very Fun Korean Language 4' so that Korean learners can apprehend Korean culture and Korean society as well as Korean language through this textbook. Actually it is designed to provide significant knowledge on Korean history, geography, politics, and education system.

We believe that 'The Very Fun Korean Language 4' would be helpful for Korean learners in getting not only Korean expressions for everyday life with ease and fun but also comprehensive knowledge on Korean history and the legal system which are unfamiliar to them. We hope that this textbook will help in a small way Korean learners interested in Korea and the Korean language to understand Korean society.

Finally, we would like to thank everyone at Book Publishing Company Cham for their help in making this book possible.

Authors Young Eun Lee, Ji Yong Kim

머리말

세계적인 한류 열풍으로 인해 한국어에 대한 관심이 높아지는 가운데 한국어를 배우고자 하는 외국인이 증가하고 있으며 한국어 학습의 목적 또한 다양해지고 있습니다. 그에 발맞춰 다양한 한국어 교재들이 출간되어 학습자들의 요구에 부응하기 위해 노력하고 있습니다. 그러나, 기존의 한국어 교재들이 전문성을 추구하는 만만치 않은 학습량으로 한국어를 배우는 학습자들에게 적잖은 부담을 주고 있습니다.

이에 일상생활에서 사용할 수 있는 한국어를 가장 쉽고 부담없이 배울 수 있는 교재의 필요성을 느껴 본교재『참 즐거운 한국어』을 집필하게 되었습니다.

『참 즐거운 한국어 4』는 기존의『참 즐거운 한국어』시리즈의 집필 목적대로 각 단원의 학습 부담감을 줄여 학습 성취감과 만족도를 높이고, 해당 주제에 집중하여 학습의 효율성을 높일 수 있는 장점은 그대로 유지하였습니다. 또한 다양한 상황과 다양한 관계를 중심으로 교재의 내용을 구성하여 일상생활과 밀접한 한국어를 학습할 수 있게 하는 장점 또한 유지하였습니다.

여기에『참 즐거운 한국어 4』에서는 한국 문화에 대한 읽기 부분을 보강하여 학습자들이 본교재를 통해 한국어를 학습하면서 한국어 외에 한국 문화와 한국 사회에 대한 공부도 함께 할 수 있도록 교재를 집필하였습니다. 한국 문화 읽기를 통해 한국의 역사, 지리, 정치, 교육 제도 등 다양한 지식을 얻는 것을 목표로 집필하였습니다.

이에『참 즐거운 한국어 4』를 통해 한국어 학습자들이 일상생활에서 자주 사용하는 한국어 표현을 쉽고 재미있게 학습할 수 있을 뿐만 아니라, 학습자들에게는 낯선 한국 역사와 법률 제도에 관한 지식까지 학습할 수 있을 것이라 생각합니다. 본 교재가 한국과 한국어에 관심이 있는 학습자들이 한국 사회를 이해하는 데 작은 도움이 되기를 바랍니다.

마지막으로『참 즐거운 한국어』가 출간되기까지 많은 도움을 주신 '도서출판 참'의 모든 분들께 감사드립니다.

저자 이영은, 김지용

교재의 특징 Textbook Features

'참 즐거운 한국어4'는 45단원으로 구성되어 있다. 3권에서 학습한 한국어 문법의 구체적인 표현과 어휘를 바탕으로 피동과 사동을 학습한다. 단원마다 삽입된 한국문화 배우기를 통하여 읽기 학습과 더불어 한국 사회를 이해하고 4~5개 단원마다 주어진 주제별 쓰기를 통하여 쓰기 능력을 확장시킨다. 단원의 세부 내용은 다음과 같이 구성되어 있다.

'The Very Fun Korean Language Book 4' consists of 45 chapters. Based on the specific expressions and vocabularies of Korean grammar learned in Book3, students learn passive and causative expressions.
'Understanding Korean Culture' inserted in each chapter improves apprehending Korean society as well as reading comprehension. Topic writing given for every 4 to 5 chapters expands writing ability. Details of a chapter are as follows.

제목 Title
제목은 해당 과에서 배울 문법을 사용한 대화문으로 제시된다.
The title is presented as a dialogue sentence using grammar to learn from the chapter.

제목을 통해 해당 단원에서 학습할 내용을 추측할 수 있다.
You can guess what you are going to learn at the chapter with its title.

단원 표지 사진 Chapter Cover Photo
각 단원의 표지 사진은 해당 단원의 제목이 들어간 대화의 상황을 표현한 사진이다. 표지 사진을 통해 제목과 관련된 대화 내용을 추측할 수 있다.
The cover photo for each chapter depicts the situation of a dialogue made up with the title of the chapter.
The cover photo can help you guess what the conversation is about.

표지 대화 Cover Dialogue
각 단원의 표지에는 제목이 포함된 짧은 대화문이 제시된다.
On the cover of each chapter a short dialogue made up with its title appears.

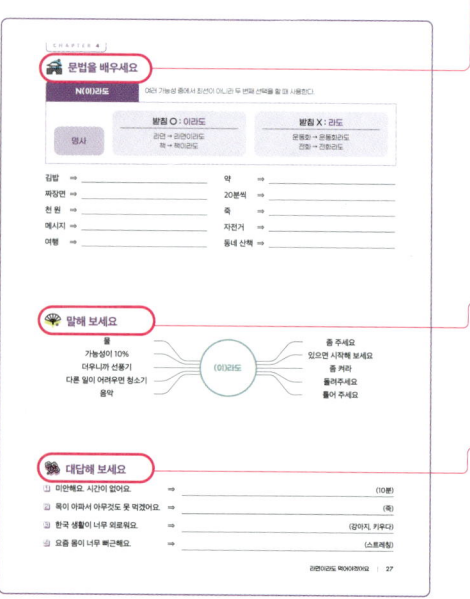

문법을 배우세요 Learn grammar
해당 단원에서 학습하는 목표 문법의 형태와 의미를 제시한다. 그림을 통해 문법의 의미를 유추할 수 있게 한다.
The form and meaning of the target grammar to learn in the chapter is presented. The meaning of the grammar can be inferred from the chart.

설명 밑에 형태 연습을 할 수 있는 공간을 제시하여 문법의 형태를 쓰면서 연습해 볼 수 있게 한다.
Below the instruction, some space is given for practicing grammatical form of a word with writing it oneself.

말해 보세요 Let's speak
학습한 문법을 여러 형태로 바꾸어서 말하는 연습을 한다.
You practice saying the grammar you have learned in various examples.

대답해 보세요 Let's answer
학습한 문법을 사용해 간단한 질문에 대답하는 연습을 한다. 대답하고 쓰는 연습을 통해 해당 문법의 쓰임에 익숙해 질 수 있도록 한다.
You practice answering simple questions using the grammar you have learned. Practicing answering and writing makes you get used to using the grammar.

연습해 보세요 Let's practice

그림과 함께 대화문이 제시된다.
제시된 대화문을 통해 해당 문법을 일상 대화에서 어떻게 활용할 수 있는지 학습한다. 대화문의 교체 연습을 통해 일상 대화를 연습한다.
Dialogues are presented with illustrations. Through the dialogues presented, you learn how to use the grammar of them in everyday conversations. Replacing dialogues you practice everyday conversations.

들어 보세요 Listen

듣고 문제를 풀어 본다.
그림이 있는 객관식 문제를 통해 대화를 듣고 내용을 파악하는 연습을 한다.
잘 듣고 O, X 하는 문제를 통해 대화의 세부 내용을 파악하는 연습을 한다.
듣고 빈칸에 쓰는 연습을 통해 듣기와 쓰기를 학습한다.
Listen, and answer the questions. To practice listening comprehension, listening some conversations you answer a multiple choice question with pictures. To practice comprehending detailed contents, listening carefully you answer some O, X questions. To practice dictation, you fill in the blanks with the words that you listen.

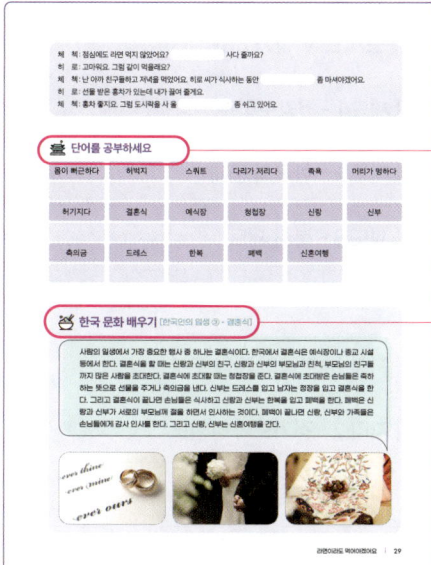

단어를 공부하세요 Study Vocabularies

각 단원에서 새롭게 등장하는 어휘의 뜻을 학습자들이 직접 쓰면서 학습한다.
이를 통해서 학습자 스스로가 어휘의 뜻을 찾아보는 연습을 할 수 있게 한다.
You(learners) learn the meaning of the newly presented vocabularies in each chapter writing their meaning yourselves. It makes you(learners) practice looking up the meaning of vocabularies yourselves.

한국 문화 배우기 Learning Korean Culture

단원마다 한국 문화를 소개하여 한국어 읽기 학습과 더불어 한국 사회와 문화를 배울 수 있다.
Each chapter introduces Korean culture, so you can learn about Korean society and culture in addition to reading Korean.

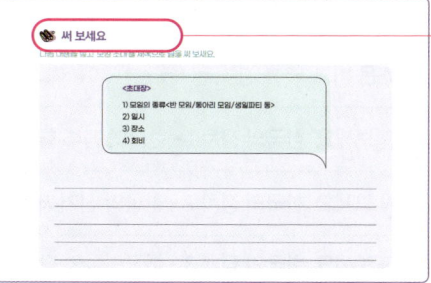

써 보세요 Let's Write

4~5개 단원마다 주제별 쓰기를 넣어 쓰는 연습을 할 수 있다.
You can practice writing thanks to the topic writing given for every 4 to 5 chapters.

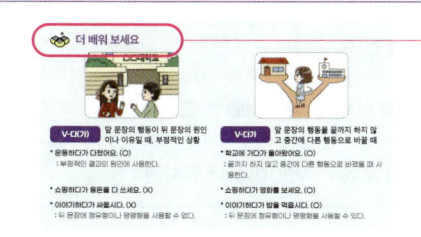

더 배워보세요 Learn more

해당 과의 문법과 비슷한 문법을 비교 설명하여 정확한 의미를 파악할 수 있다.
By comparing and explaining grammar similar to the grammar of the chapter, the exact meaning can be grasped.

교재 구성표

단원	제목	문법	한국 문화 & 쓰기 & 더 배워 보세요
1	한글날은 한글이 만들어진 것을 기념하는 날이야	V-아/어지다	쓰기
2	고향에 가는 대신 일을 할 거예요	A/V-은/는 대신(에)	한국인의 일생 1 - 탄생과 돌잔치
3	오늘 날씨가 좋잖아요	A/V-잖아요	한국인의 일생 2 - 성년의 날
4	라면이라도 먹어야겠어요	N(이)라도	한국인의 일생 3 - 결혼식
5	힘든 일이 있으면 이야기하도록 해요	V-도록 하다	한국인의 일생 4 - 장례식
6	무리해서 일하더니 병이 난 것 같아요	A/V-더니	친구소개 쓰기
7	서로 불만을 이야기하다가 싸웠어요	V-다(가)	더 배워 보세요 V-다가 비교
8	카밀라 씨가 제 손을 차가운 물로 씻겼어요	사동 1	한국의 제도 1 - 건강보험과 건강검진
9	아이가 강아지에게 초콜릿을 먹였어요	사동 2	한국의 제도 2 - 한국의 군대
10	소피아가 제임스에게 컴퓨터를 못 쓰게 했대요	장형 사동(-게 하다)	한국의 제도 3 - 복지 제도
11	우산을 가져올 걸 그랬어요	V-(으)ㄹ 걸 그랬다	쓰기
12	어제 잠을 잘 못 잤거든요	A-거든요	한국의 지리 1 - 한국의 지역 구분
13	1년을 공부했는데도 실력이 늘지 않아요	A/V-(으)ㄴ/는데도	한국의 지리 2 - 경기도와 강원도
14	여자친구가 화가 나서 아무 말도 안 해요	아무 N도	한국의 지리 3 - 충청도와 강원도
15	빨리 나아야 할 텐데 걱정이네요	A/V-아/야 할 텐데	한국의 지리 4 - 경상도와 제주도
16	일이 힘든데도 불구하고 지원자가 많대요	A/V-은/는데도 불구하고	가장 기억에 남는 여행 쓰기
17	자주 가던 식당이 문을 닫아서 기분이 안 좋아	A/V-던	V-던 V-은 비교
18	아무리 바빠도 밥은 먹어야 해요	아무리 A/V-아/어도	더 배워 보세요 한국의 정치 1 - 한국의 정부 형태
19	게임은 하면 할수록 더 재미있어요	A/V-으면 A/V-(으)ㄹ 수록	더 배워 보세요 한국의 정치 2 - 한국의 선거 제도
20	로또에 당첨된다면 차를 사고 싶어요.	A/V-다면/는다면	더 배워 보세요 한국의 정치 3 - 한국인들의 정치 참여
21	집이 얼마나 아담하고 예쁜지 몰라요	얼마나 A/V-은/는지 모르다	기념일 쓰기
22	날마다 한국 뉴스를 들었더니 듣기가 쉬워졌어요	V-았/었더니	더 배워 보세요 V-더니와 비교
23	지각할까 봐 뛰어왔어요	A/V-을까 봐	한국의 교육 1 - 어린이집과 유치원

단원	제목	문법	한국 문화 & 쓰기 & 더 배워 보세요
24	눈병에 걸리지 않도록 조심하세요	V-도록	한국의 교육 2 - 초등학교와 중학교
25	날씨가 좋아야 산에 갈 수 있어요	A/V-아/어야	한국의 교육 3 - 고등학교와 대학 입시
26	연락해 보나 마나 바쁘다고 할 거야	V-(으)나 마나	이메일 답장 쓰기
27	예전에 친했던 친구야	A/V-았/었던	더 배워 보세요 V-던과 비교
28	주말에 놀이공원에 가면 사람이 많을걸요	A/V-(으)ㄹ 걸요	한국의 교육 4 - 대학교
29	롱이 고백했다고?	A/V-다고요/는다고요?	한국의 교육 5 - 평생교육
30	두 사람이 싸운 모양이에요	A/V-은/는 모양이다	더 배워 보세요 추측 표현 비교
31	어렸을 때 엄마 말씀을 잘 들었어야 했는데…	A/V-았/었어야 했는데	가장 후회하는 일 쓰기
32	히로 씨 말을 듣고 보니 이해가 되네요	V-고 보니(까)	더 배워 보세요 V-아/어 보니까 비교
33	손을 깨끗하게 씻지 않으면 안 된대요	A/V-지 않으면 안 되다	한국의 법 1 - 한국의 사법 제도
34	설악산 단풍이 정말 볼 만해요	V-(으)ㄹ 만하다	한국의 법 2 - 부동산과 관계된 법률
35	싸기는커녕 바가지를 씌우는 것 같아요	A/V-기는커녕	한국의 법 3 - 외국인과 관계된 법률
36	매일 운동하기	V-기	버킷리스트 작성하기
37	아이라고 해서 다 잘 우는 것은 아니에요	N이라고 해서 다 A/V-(으)ㄴ/는 것은 아니다	한국의 역사 1 - 고조선
38	집에 일이 있는 척하고 일찍 왔어	A/V-(으)ㄴ/는 척하다	더 배워 보세요 -은/는 척하다 시제
39	어려워도 계속 읽다 보면 이해할 수 있을 거예요	V-다 보면	한국의 역사 2 - 삼국 시대
40	다리가 아파서 걸을 수 없을 정도야	A/V-(으)ㄹ 정도로/정도이다	한국의 역사 3 - 남북국 시대
41	날마다 운동을 하니까 건강해질 수밖에 없지요	A/V-(으)ㄹ 수밖에 없다	영화 감상평 쓰기
42	아이스크림을 많이 먹는 바람에 배탈이 났어요	V-는 바람에	한국의 역사 4 - 고려 시대
43	아이들은 싸우기 마련이에요	A/V-기 마련이다	한국의 역사 5 - 조선 시대
44	새 프로젝트가 시작됐으니 야근을 할 게 뻔해요	A/V-(으)ㄹ 게 뻔하다	한국의 역사 6 - 일제 강점기
45	카밀라가 설명해 준 대로 하니까 할 만해	V-는 대로/N대로	한국의 역사 7 - 한국전쟁과 대한민국의 발전

등장 인물

1층 사람들

폴 스미스
(남, 40대, 미국, 회사원)

루루 스미스
(여, 40대, 중국, 주부)

소피아 스미스
(여, 10살, 미국, 학생)

제임스 스미스
(남, 8살, 미국, 학생)

2층 사람들

김민재
(남, 30대, 한국, 한국어 교사)

이지은
(여, 30대, 한국, 회사원)

3층 사람들

프엉안
(여, 20대, 베트남, 학생)

엥흐체첵
(여, 20대, 몽골, 학생)

카밀라
(여, 20대, 카자흐스탄, 학생)

그 외

나카무라 히로
(남, 20대, 일본, 대학원생)

롱
(남, 20대, 중국, 학생)

루이 베르나르
(남, 30대, 프랑스, 회사원)

마리
(여, 30대, 호주, 회사원)

목차
CONTENTS

머리말	2
교재의 특징	4
교재 구성표	6
등장인물	8

1	한글날은 한글이 만들어진 것을 기념하는 날이야	14
2	고향에 가는 대신 일을 할 거예요	18
3	오늘 날씨가 좋잖아요	22
4	라면이라도 먹어야겠어요	26
5	힘든 일이 있으면 이야기하도록 해요	30
6	무리해서 일하더니 병이 난 것 같아요	34
7	서로 불만을 이야기하다가 싸웠어요	38
8	카밀라 씨가 제 손을 차가운 물로 씻겼어요	42
9	아이가 강아지에게 초콜릿을 먹였어요	46
10	소피아가 제임스에게 컴퓨터를 못 쓰게 했대요	50
11	우산을 가져올 걸 그랬어요	54
12	어제 잠을 잘 못 잤거든요	58
13	1년을 공부했는데도 실력이 늘지 않아요	62
14	여자친구가 화가 나서 아무 말도 안 해요	66
15	빨리 나아야 할 텐데 걱정이네요	70
16	일이 힘든데도 불구하고 지원자가 많대요	74
17	자주 가던 식당이 문을 닫아서 기분이 안 좋아	78
18	아무리 바빠도 밥은 먹어야 해요	82
19	게임은 하면 할수록 더 재미있어요	86
20	로또에 당첨된다면 차를 사고 싶어요.	90

21	집이 얼마나 아담하고 예쁜지 몰라요	94
22	날마다 한국뉴스를 들었더니 듣기가 쉬워졌어요	98
23	지각할까봐 뛰어왔어요	102
24	눈병에 걸리지 않도록 조심하세요	106
25	날씨가 좋아야 산에 갈 수 있어요	110
26	연락해 보나 마나 바쁘다고 할 거야	114
27	예전에 친했던 친구야	118
28	주말에 놀이공원에 가면 사람이 많을걸요	122
29	롱이 고백했다고?	126
30	두 사람이 싸운 모양이에요	130
31	어렸을 때 엄마 말씀을 잘 들었어야 했는데…	134
32	히로 씨 말을 듣고 보니 이해가 되네요	138
33	손을 깨끗하게 씻지 않으면 안된대요	142
34	설악산 단풍이 정말 볼 만해요	146
35	싸기는커녕 바가지를 씌우는 것 같아요	150
36	매일 운동하기	154
37	아이라고 해서 다 잘 우는 것은 아니에요	158
38	집에 일이 있는 척하고 일찍 왔어	162
39	어려워도 계속 읽다 보면 이해할 수 있을 거예요	166
40	다리가 아파서 걸을 수 없을 정도야	170
41	날마다 운동을 하니까 건강해질 수밖에 없지요	174
42	아이스크림을 많이 먹는 바람에 배탈이 났어요	178
43	아이들은 싸우기 마련이에요	182
44	새 프로젝트가 시작됐으니 야근을 할 게 뻔해요	186
45	카밀라가 설명해준 대로 하니까 할 만해	190

부록

듣기 지문	196
모범 답안	203
불규칙과 탈락	216
어휘 구성표	220

한글날은 한글이 만들어진 것을 기념하는 날이야

참 즐거운 **한국어**

CHAPTER 1

한글날은 왜 있어요?

한글날은 한글이 만들어진 것을 기념하는 날이야.

CHAPTER

 ## 문법을 배우세요

| V-아/어지다 | 어떤 행동이 저절로 일어나게 되거나 외부의 힘에 의해서 행동을 하게 됨을 나타내는 피동사이다. |

동사

ㅏ, ㅗ : -아지다
쏟다 → 쏟아지다

ㅓ, ㅜ, ㅡ, ㅣ … : -어지다
쓰다 → 써지다

하다 : 해지다
정하다 → 정해지다

기다리다 ⇒ _____   만들다 ⇒ _____
나누다 ⇒ _____   굽다 ⇒ _____
가리다 ⇒ _____   켜다 ⇒ _____
끊다 ⇒ _____   끄다 ⇒ _____
누르다 ⇒ _____   지우다 ⇒ _____

말해 보세요

학사 일정이 미루다
이 볼펜은 글씨가 잘 쓰다
측우기는 조선 시대에 만들다
삼겹살이 다 굽다
시험 결과 발표가 기다리다
출장 날짜가 정하다

-아/어져요
-아/어졌어요

대답해 보세요

① 커피 자국을 지웠어요? ⇒ _____

② 휴대 전화가 고장났어요? ⇒ _____
(자판, 누르다)

③ 새로 산 펜이 어때요? ⇒ _____

④ 옷이 왜 그래요? ⇒ _____
(못에 걸리다, 찢다)

한글날은 한글이 만들어진 것을 기념하는 날이야

연습해 보세요

롱 : 얘기 들었어요? ① 시험이 미뤄졌대요.
체책 : 네? 왜요?
롱 : ② 인터넷이 끊어져서 ③ 업무가 중단됐대요.
체책 : 그럼 언제 결과를 알 수 있는 거예요?
롱 : 날짜가 정해지면 공지해 준다고 했어요.
체책 : 그럼 수업은요?
롱 : 수업은 그대로 한다고 해요.

①	시험-미루다	반-나누다	문화 수업-당기다	수업 자료-지우다
②	인터넷-끊다	건물-다 짓다	연휴-겹치다	컴퓨터-고장나다
③	업무가 중단됐다	인원을 조정하다	일찍 다녀오기로 하다	수리하다

 들어 보세요

TRACK 1

1 세종대왕에 대해 맞는 것을 모두 고르세요. (　　　)

① 사람들이 쉽게 배울 수 있는 글자를 만든 왕이다.
② 한국의 과학 기술을 발전시킨 왕이다.
③ 제임스가 최근에 공부한 왕이다.

2 잘 듣고 O, X 하세요.

① 여자는 한글날을 기념해서 한글에 대해 공부하고 있다.
② 한글날은 한글이 만들어진 것을 기념하는 날이다.
③ 만 원 지폐에 그려져 있는 분이 세종대왕이다.

3 잘 듣고 빈칸에 쓰세요.

제임스 : 엄마, 뭘 보고 계세요?
루　루 : 한글날 기념식을 보고 있어.
제임스 : 아, 오늘이 한글날이죠. 그런데 한글날은 왜 있어요?
루　루 : 한글날은 한글이 ＿＿＿＿＿＿ 기념하는 날이야. 국경일로 ＿＿＿＿＿＿.

제임스: 한글이 _____? 글자를 만들 수도 있어요?
루   루: 그래. 한국의 예전 왕인 세종대왕께서 한자가 어려워서 사람들이 글자를 읽고 쓰지 못하니까 쉽게 사용할 수 있는 글자를 만드셨어.
제임스: 우와! 진짜 멋있어요. 세종대왕은 알아요. 만 원에 _____ 분이죠. 그리고 한국의 과학을 발전시킨 것으로 _____.
루   루: 어머! 제임스, 세종대왕에 대해 잘 아는구나. 공부했어?
제임스: 아니요, 제가 자주 하는 게임에 나오거든요.

단어를 공부하세요

| 자판 | 누르다 | 가리다 | 끊다 | 측우기 | 업무 |

| 중단 | 해킹 | 복구 작업 | 인원수 | 재조정 | 그리다 |

써 보세요

여러분 나라의 관광지를 소개해 보세요.

<우리나라의 관광지>

1) 유명한 관광지의 위치가 어디입니까?
2) 교통편은 어떻습니까?
3) 먹을거리는 뭐가 유명합니까?
4) 가 볼 만한 곳은 어디입니까?

참 즐거운 **한국어**

CHAPTER **2**

고향에 가는 대신 일을 할 거예요

CHAPTER 2

문법을 배우세요

A/V-은/는 대신(에)   앞의 행동을 하지 않고 다른 행동으로 대체하거나 행동에 대한 보상을 할 때 사용한다.

동사	받침 O : -는 대신	받침 X : -는 대신
	먹다 → 먹는 대신	오다 → 오는 대신에

형용사	받침 O : -은 대신	받침 X, 받침 ㄹ : -ㄴ 대신
	작다 → 작은 대신에	크다 → 큰 대신에, 멀다 → 먼 대신에

살다 ⇒ _____   춥다 ⇒ _____

출근하다 ⇒ _____   좋다 ⇒ _____

놀다 ⇒ _____   다르다 ⇒ _____

돕다 ⇒ _____   밝다 ⇒ _____

자르다 ⇒ _____   힘들다 ⇒ _____

말해 보세요

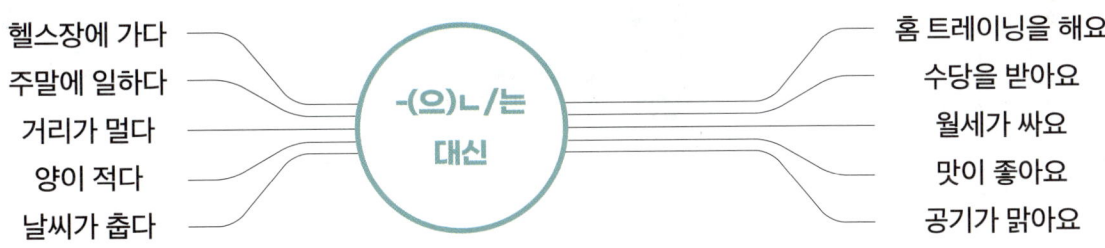

헬스장에 가다 — 홈 트레이닝을 해요
주말에 일하다 — 수당을 받아요
거리가 멀다 — -(으)ㄴ/는 대신 — 월세가 싸요
양이 적다 — 맛이 좋아요
날씨가 춥다 — 공기가 맑아요

대답해 보세요

1. 대학원에 진학할 거예요? ⇒ _____ (취직하다)

2. 자전거로 갈 거예요? ⇒ _____ (지하철을 타다)

3. 영화를 볼까요? ⇒ _____ (집에서 쉬다)

4. 가격이 왜 이렇게 비싸요? ⇒ _____ (품질이 좋다)

연습해 보세요

루 이 : ① 주말에 약속이 있어요?
마 리 : ② 출근해야 해요. 왜요?
루 이 : ① 주말에도 ② 출근해요?
마 리 : 동료가 부탁을 했어요. ② 출근하는 대신 소개팅을 해 주기로 했어요. 그런데 왜요?
루 이 : 같이 ③ 캠핑을 갈까 했어요.
마 리 : 일이 늦게 끝나니까 ③ 캠핑을 가는 대신 심야 영화를 보는 건 어때요?
루 이 : 그것도 좋네요. 그럼 몇 시에 볼까요?

①	주말	연휴	연말	명절
②	출근하다	당직을 서다	비상 근무를 하다	출장을 가다
③	캠핑을 가다	당일치기 여행을 가다	일출을 보러 가다	집에서 파티를 하다

들어 보세요

TRACK 2

1 마리 씨는 연휴에 무엇을 할 계획입니까? (   )

2 잘 듣고 O, X 하세요.

① 마리 씨는 연휴에 여유롭게 있는 대신 추가 수당을 안 받는다.
② 지은 씨는 연휴가 끝나기 전에 마리 씨와 여행을 갈 것이다.
③ 마리 씨는 복잡한 것보다 여유 있게 일하는 것을 선호한다.

3 잘 듣고 빈칸에 쓰세요.

지 은 : 이제 연휴가 얼마 안 남았네요.
마 리 : 정말 그렇네요. 연휴가 너무 기다려져요.
지 은 : 올해는 연휴가 기네요. 연휴에 고향에 갈 거예요?
마 리 : 아니요. _____ 일을 할 거예요.

지　은: 그런데 왜 연휴가 기다려져요? 싫지 않아요?
마　리: 저는 _____ 한적하게 일하는 것이 더 좋아요.
지　은: 연휴 기간 내내 출근하는 거예요?
마　리: 네. 하지만 _____ 추가 수당도 받고 여유롭게 사무실을 사용할 수 있어서 그렇게 싫지는 않아요.
지　은: 저는 연휴 끝나기 전에 집에 오니까 _____.

단어를 공부하세요

홈 트레이닝	수당을 받다	당직을 서다	비상근무	심야 영화
당일치기	추가 수당	한적하다	태어나다	낳다
산모	미역국	산후조리	잡다	돌잡이
미래	연필	부자	실	

한국 문화 배우기 [한국인의 일생 ① - 탄생과 돌잔치]

한국에서는 아이를 낳은 산모는 미역국을 먹는다. 그래서 한국에서는 매년 생일에 미역국을 먹는다. 아이를 낳고 나서 산모는 건강을 위해서 몸을 따뜻하게 하는데 한국에서는 이것을 산후조리라고 한다. 요즘은 아이를 낳은 후 2주 정도 '산후조리원'에서 산후조리를 한다.

아이가 태어난 지 1년이 되면 아이의 첫 번째 생일잔치인 돌잔치를 한다. 한국에서는 돌잔치 때 아이의 앞에 여러 물건을 놓아두고 아이에게 물건을 잡게 한다. 아이가 잡은 물건을 보고 아이의 미래를 예상하는데 이것을 돌잡이라고 한다. 연필을 잡으면 공부를 잘하고 돈을 잡으면 부자가 되고 실을 잡으면 오래 산다고 한다.

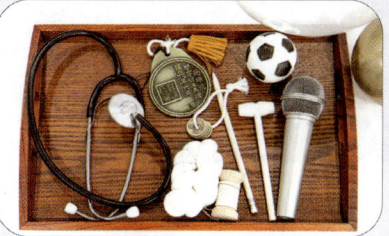

참 즐거운 한국어

CHAPTER 3 오늘 날씨가 좋잖아요

CHAPTER 3

문법을 배우세요

A/V-잖아요

듣는 사람이 이미 알고 있는 사실을 확인하거나 그것을 이용해서 이유를 설명할 때 사용한다. 구어체 표현이며 주로 친구나 나이 어린 사람에게 사용한다.

	받침 O : -잖아요	받침 X : -잖아요
동사	먹다 → 먹잖아요 입다 → 입잖아요	오다 → 오잖아요 가다 → 가잖아요
형용사	작다 → 작잖아요 힘들다 → 힘들잖아요	크다 → 크잖아요 예쁘다 → 예쁘잖아요

말하다 ⇒ _____   회의하다 ⇒ _____

걷다 ⇒ _____   지나가다 ⇒ _____

춥다 ⇒ _____   시간이 없다 ⇒ _____

넓다 ⇒ _____   재미있다 ⇒ _____

숙제하다 ⇒ _____   편하다 ⇒ _____

말해 보세요

왜 주말에 집에만 있어요?

- 숙제가 많다
- 지난주에 바빴다
- 주말에 손님이 오다
- 아이가 아프다

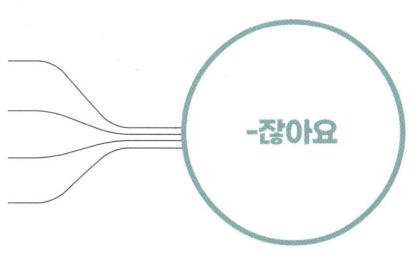

-잖아요

대답해 보세요

1. 벌써 반팔을 입었어요? 안 추워요? ⇒ _____ (날씨가 덥다)

2. 롱 씨는 기분이 안 좋아 보여요. ⇒ _____ (여자친구와 헤어지다)

3. 지은 씨는 기분이 좋아 보여요. ⇒ _____ (승진했다)

4. 일주일 동안 계속 비만 내려요. ⇒ _____ (여름이다)

연습해 보세요

루 루 : 안녕하세요. ① 자전거로 출근하는 거예요?
민 재 : 네. ② 오늘 날씨가 좋잖아요.
루 루 : 힘들지 않아요?
민 재 : 조금 힘들기는 하지만 ③ 운동이 되잖아요.
루 루 : 잘 다녀오세요.

①	자전거로 출근하다	도서관에 가다	이렇게 일찍 나가다	산에 가다
②	오늘 날씨가 좋다	시험 기간이다	아르바이트를 하다	일요일이다
③	운동이 되다	중요한 시험이다	일이 재미있다	정상에 오르면 기분이 좋다

들어 보세요

 TRACK 3

1 두 사람은 어디에서 만나기로 했어요? (   )

①  ②  ③

2 잘 듣고 O, X 하세요.

① 두 사람은 카밀라 씨의 생일 선물을 사기로 했다.
② 저녁을 먹고 생일 선물을 살 것이다.
③ 강남역 근처에는 백화점과 쇼핑센터가 있다.

3 잘 듣고 빈칸에 쓰세요.

프엉안 : 오늘 저녁 7시, 잊지 않았죠?
롱   : 네? 오늘 우리가 만나기로 했어요?
프엉안 : 같이 카밀라 씨 생일 선물을 _____.
롱   : 아, _____. 미안해요. 어디에서 만날까요?
프엉안 : 을지로입구역 1번 출구 앞 어때요?
롱   : 제가 오후에 강남역에서 약속이 있어요. 강남역은 어때요?

프엉안: 듣고 보니 강남역도 좋은 것 같아요. 강남역에서 만나요.
롱   : 좋아요. 그럼 먼저 선물을 사고 같이 갈비를 먹을까요? 프엉안 씨 갈비를 _____.
프엉안: 제가 갈비 좋아하는 걸 어떻게 알았어요?
롱   : 전에 _____.
프엉안: 아 그렇군요. 알겠어요.

단어를 공부하세요

| 승진하다 | 정상에 오르다 | 받아들이다 | 완전하다 | 성년의 날 |

| 행사 | 인기가 있다 | 장미꽃 | 향수 | 정장 |

| 뿌리다 | 상투를 틀다 | 비녀를 하다 |

한국 문화 배우기 [한국인의 일생 ② - 성년의 날]

한국에서는 만 19세가 되면 성인이 된다. 성년의 날은 성인이 된 사람들을 축하하는 날이다. 매년 5월 셋째 월요일이 성년의 날이다. 성년의 날에는 성인이 된 사람들을 축하하는 여러 가지 행사를 한다. 그리고 성인이 된 사람들에게 선물을 준다. 성년의 날에 가장 인기가 있는 선물은 장미꽃과 향수이다. 성년의 날이 되면 정장을 입고 장미꽃을 들고 향수를 뿌린 사람들을 많이 볼 수 있다.

조선 시대에는 성년의 날이 되면 남자들은 상투를 틀고 여자들은 비녀를 했다. 성년이 되기 전에는 남자와 여자 모두 머리를 길게 땋았지만 성년의 날에 머리 모양을 바꿔서 성년이 된 것을 표시했다. 성년이 되기 전에 결혼한 사람들은 결혼식 날 상투를 틀고 비녀를 한다. 나이가 어려도 결혼한 사람들은 성인이라고 생각했기 때문이다.

참 즐거운 **한국어**
CHAPTER

4 라면이라도 먹어야겠어요

CHAPTER 4

문법을 배우세요

N(이)라도   여러 가능성 중에서 최선이 아니라 두 번째 선택을 할 때 사용한다.

명사	받침 O : 이라도	받침 X : 라도
	라면 → 라면이라도 책 → 책이라도	운동화 → 운동화라도 전화 → 전화라도

김밥 ⇒ _____

짜장면 ⇒ _____

천 원 ⇒ _____

메시지 ⇒ _____

여행 ⇒ _____

약 ⇒ _____

20분씩 ⇒ _____

죽 ⇒ _____

자전거 ⇒ _____

동네 산책 ⇒ _____

말해 보세요

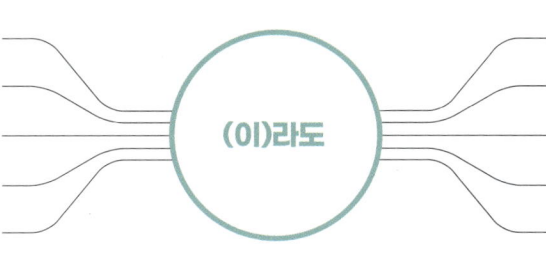

대답해 보세요

1. 미안해요. 시간이 없어요. ⇒ _____ (10분)

2. 목이 아파서 아무것도 못 먹겠어요. ⇒ _____ (죽)

3. 한국 생활이 너무 외로워요. ⇒ _____ (강아지, 키우다)

4. 요즘 몸이 너무 뻐근해요. ⇒ _____ (스트레칭)

연습해 보세요

루 이 : 요즘 ① 몸이 너무 뻐근해요.
마 리 : 오래 앉아 있어서 그래요. ② 스트레칭이라도 해 보세요.
루 이 : 예전엔 운동을 자주 했는데 요즘은 통 시간이 없어요.
마 리 : 그럴수록 더 해야 해요. 하루에 ③ 10분이라도 해 보세요.
루 이 : 마리 씨는 괜찮아요?
마 리 : 저도 ① 몸이 너무 뻐근해서 최근에 시작했어요.
루 이 : 건강을 위해서 조금씩이라도 해야겠어요.

①	몸이 너무 뻐근하다	허벅지에 살이 찌다	자주 다리가 저리다	머리가 멍하다
②	스트레칭	스쿼트	족욕	산책
③	10분	한 번	30분	15분

들어 보세요

TRACK 4

1 남자는 무엇을 먹을 예정입니까? ( )

2 잘 듣고 O, X 하세요.

① 남자는 점심에 라면을 먹었다.
② 남자는 여자에게 차를 선물했다.
③ 여자는 남자와 같이 도시락을 먹을 것이다.

3 잘 듣고 빈칸에 쓰세요.

체 첵: 뭐해요? 아직도 발표 준비를 다 못했어요?
히 로: 네. 몇 시간째 하고 있는데 아직이에요.
체 첵: 저녁도 안 먹었는데 배고프지 않아요?
히 로: 체첵 씨 말을 들으니까 갑자기 허기져서 쓰러질 것 같아요. _____ 먹어야겠어요.

체　첵: 점심에도 라면 먹지 않았어요?　　　　　　　사다 줄까요?
히　로: 고마워요. 그럼 같이 먹을래요?
체　첵: 난 아까 친구들하고 저녁을 먹었어요. 히로 씨가 식사하는 동안　　　　　　좀 마셔야겠어요.
히　로: 선물 받은 홍차가 있는데 내가 끓여 줄게요.
체　첵: 홍차 좋지요. 그럼 도시락을 사 올　　　　　　좀 쉬고 있어요.

단어를 공부하세요

몸이 뻐근하다	허벅지	스쿼트	다리가 저리다	족욕	머리가 멍하다
허기지다	결혼식	예식장	청첩장	신랑	신부
축의금	드레스	한복	폐백	신혼여행	

한국 문화 배우기 [한국인의 일생 ③ - 결혼식]

사람의 일생에서 가장 중요한 행사 중 하나는 결혼식이다. 한국에서 결혼식은 예식장이나 종교 시설 등에서 한다. 결혼식을 할 때는 신랑과 신부의 친구, 신랑과 신부의 부모님과 친척, 부모님의 친구들까지 많은 사람을 초대한다. 결혼식에 초대할 때는 청첩장을 준다. 결혼식에 초대받은 손님들은 축하하는 뜻으로 선물을 주거나 축의금을 낸다. 신부는 드레스를 입고 남자는 정장을 입고 결혼식을 한다. 그리고 결혼식이 끝나면 손님들은 식사하고 신랑과 신부는 한복을 입고 폐백을 한다. 폐백은 신랑과 신부가 서로의 부모님께 절을 하면서 인사하는 것이다. 폐백이 끝나면 신랑, 신부와 가족들은 손님들에게 감사 인사를 한다. 그리고 신랑, 신부는 신혼여행을 간다.

CHAPTER 5
힘든 일이 있으면 이야기하도록 해요

CHAPTER 5

문법을 배우세요

V-도록 하다 — 다른 사람에게 어떤 일을 하게 시키거나 권유할 때 사용한다. 주로 명령형, 청유형으로 사용한다.

동사

받침 O : -도록 하다
먹다 → 먹도록 하다
읽다 → 읽도록 하다

받침 X, 받침 ㄹ : -도록 하다
오다 → 오도록 하다
만들다 → 만들도록 하다

자다	⇒ _____		열다	⇒ _____
쉬다	⇒ _____		젓다	⇒ _____
듣다	⇒ _____		돕다	⇒ _____
청소하다	⇒ _____		시작하다	⇒ _____
분리수거하다	⇒ _____		일어나다	⇒ _____

말해 보세요

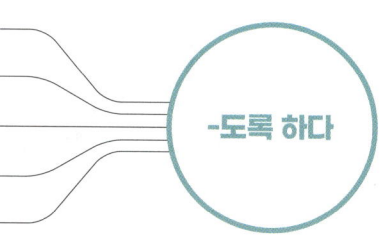

영화관에서는 휴대폰 사용을 삼가다
건강을 위해 금연하다
실수하지 않도록 미리 준비하다
이번 주까지 제출하다
표가 있을 때 미리 예약하다

— -도록 하다

대답해 보세요

1. 몇 시까지 가면 돼요? ⇒ _____ (수업 시간 전)
2. 어디에서 기다릴까요? ⇒ _____ (학교 정문)
3. 이거 먹어도 돼요? ⇒ _____ (먹다)
4. 친구 좀 만나고 올게요. ⇒ _____ (늦지 않다)

연습해 보세요

프엉안 : 요즘 ① 공부 때문에 스트레스를 많이 받아요.
지 은 : ② 힘든 일이 있으면 이야기하도록 해요.
프엉안 : 고마워요. 언니는 스트레스를 어떻게 풀었어요?
지 은 : 나는 등산하거나 격하게 운동을 해요.
프엉안 : ③ 취미를 만들면 스트레스가 풀릴까요?
지 은 : 그럼요, 거기에 집중하면 스트레스가 풀릴 거예요.
     프엉안 씨도 ③ 취미를 만들도록 해요.
프엉안 : 한번 해 볼게요. 이야기 들어줘서 고마워요.

①	공부	친구	미래에 대한 걱정	여자 친구
②	힘든 일이 있으면 이야기하다	친구와의 문제는 빨리 해결하다	진로 상담하려면 연락하다	조언이 필요하면 언제든 전화하다
③	취미를 만들다	몸을 움직이다	꾸준히 운동하다	새로운 일을 하다

들어 보세요

TRACK 5

1 소독은 몇 시에 합니까? (   )

2 잘 듣고 O, X 하세요.

① 소독할 때 방역 업체 직원과 기숙사 직원이 함께 들어간다.
② 귀중품은 행정실에 맡기도록 한다.
③ 소독을 못 하면 행정실에 연락해서 시간을 조정하도록 한다.

3 잘 듣고 빈칸에 쓰세요.

방 송 : 행정실에서 알려 드립니다. 다음 주부터 기숙사 정기 소독을 실시합니다. 한 방도 빠짐없이 _____. 정기 소독은 오전 9시부터 오후 6시까지 진행됩니다. 이번 소독은 기숙사 직원들과 방역 업체 직원이 기숙사 내부에 직접 출입합니다.

방　송 : 소독에 사용되는 약은 인체나 물건에 해가 없습니다. 개인 물품과 귀중품은 개인이 잘 _____.
　　　　소독하는 동안 방에 머물러도 되지만 시간 조정은 불가능합니다. 불가피하게 소독을 못 하는 방은 미리 행정실
　　　　에 연락을 _____. 감사합니다.

단어를 공부하세요

정기 소독	방역 업체	인체	무해하다	귀중품	시간 조정
불가피하게	죽다	장례식	장례식장	땅에 묻다	화장하다
문상객	조의금	절하다	위로하다		

한국 문화 배우기 [한국인의 일생 ④- 장례식]

한국에서는 사람이 죽으면 장례식을 한다. 장례식은 기간에 따라서 삼일장이나 칠일장으로 치른다. 예전에는 집에서 장례식을 했지만 요즘은 병원의 장례식장에서 장례식을 한다. 장례식이 끝나면 죽은 사람을 땅에 묻거나 화장을 한다. 장례식 때는 죽은 사람의 가족 중 남자들은 검은색 양복을 입고 여자들은 흰색이나 검은색 한복을 입는다. 장례식에 간 사람을 문상객이라고 한다. 문상객은 조의금을 준비한다. 문상객들은 가능한 한 검은색 옷을 입고 장례식에 가는데 죽은 사람의 집안 예절에 따라 절을 하기도 하고 꽃을 드리고 묵념을 하기도 한다. 그리고 가족들을 위로한다.

참 즐거운 **한국어**

CHAPTER

6 무리해서 일하더니 병이 난 것 같아요

마리 씨가 왜 출근을 안 했어요?

무리해서 일하더니 병이 난 것 같아요.

CHAPTER 6

🏯 문법을 배우세요

A/V-더니

과거에 다른 사람을 관찰한 것에 대한 결과를 말하거나 과거에 관찰한 내용이 지금과 다른 것을 말할 때 사용한다. 주어는 2, 3인칭을 쓴다. 몸 상태나 기분을 말할 때는 1인칭을 쓸 수 있다.

	받침 O : -더니	받침 X : -더니
동사	먹다 → 먹더니	오다 → 오더니
형용사	작다 → 작더니	크다 → 크더니

읽다 ⇒ _____ 맵다 ⇒ _____

웃다 ⇒ _____ 많다 ⇒ _____

가다 ⇒ _____ 비싸다 ⇒ _____

사다 ⇒ _____ 춥다 ⇒ _____

만들다 ⇒ _____ 시원하다 ⇒ _____

🪭 말해 보세요

어제는 날씨가 춥다
그 아이는 어릴 때는 키가 작다
어머니께서 매일 운동하시다
동생이 열심히 공부하다
어제는 머리가 아프다

-더니

오늘은 따뜻해요
지금은 키가 커요
건강해지셨어요
수석 입학을 했어요
오늘은 괜찮아졌어요

🌸 대답해 보세요

1. 친구가 예전과 다른 점이 있어요? ⇒ _____ (김치를 잘 먹다)

2. 지난달과 날씨가 어떻게 달라요? ⇒ _____ (지금은 따뜻하다)

3. 부모님이 예전과 다른 점이 있어요? ⇒ _____ (요즘은 아프시다)

4. 고향이 작년과 어떻게 달라요? ⇒ _____ (요즘은 눈이 안 오다)

무리해서 일하더니 병이 난 것 같아요

연습해 보세요

지 은 : 마리 씨가 오늘 왜 출근을 안 했어요?
루 이 : 마리 씨가 ① 병이 났어요.
지 은 : ① 병이 났어요? 왜요?
루 이 : ② 무리해서 일하더니 ① 병이 난 것 같아요.
　　　　그래서 며칠 동안 출근을 못 할 것 같대요.
지 은 : 그래요? 마리 씨에게 연락해 봐야겠네요.
　　　　③ 파일을 준다더니 출근을 안 해서요.

①	병이 나다	공항에 가다	다리가 부러지다	고향에 가다
②	무리해서 일하다	동생이 한국에 온다고 하다	계단에서 넘어지다	어머니께서 아프시다고 하다
③	파일을 주다	자료를 정리하다	거래처에 연락하다	기획서를 주다

들어 보세요

TRACK 6

1 제임스는 키가 크고 싶어서 어떤 것을 하고 있는지 모두 고르세요. (　　　)

① 　② 　③

2 잘 듣고 O, X 하세요.

① 소피아는 처음 학교에 갔을 때 키가 작았다.
② 제임스는 소피아보다 키가 더 크다.
③ 남자는 여자에게 같이 운동하러 가자고 했다.

3 잘 듣고 빈칸에 쓰세요.

루　루 : 요즘 소피아 키가 많이 컸어요. 처음 학교에 갔을 때는 반에서 　　　　　　　 요즘은 제일 크대요.
폴　　 : 키 크고 싶다고 매일 우유를 　　　　　　 많이 컸네요.
루　루 : 제임스도 예전에는 우유를 　　　　　　 요즘은 매일 마셔요.
　　　　소피아처럼 우유를 마시고 키가 크고 싶대요.
폴　　 : 제임스는 지금도 반에서 꽤 큰 편이잖아요.

루　　루: 그렇지만 더 크고 싶대요.
폴　　　: 하긴 그래서 그런지 제임스가 요즘 운동도 열심히 해요.
　　　　　전에는 운동하러 가자고 하면 　　　　　　 요즘은 항상 따라와요.
루　　루: 잘됐네요.

단어를 공부하세요

| 무리하다 | 식중독 | 하긴 | 거절하다 | 따라오다 |

| 비교하다 | 물가 | 글쓴이 |

써 보세요

다음 내용을 넣고 '모임 초대'를 제목으로 글을 써 보세요.

<초대장>
1) 모임의 종류<반 모임/동아리 모임/생일파티 등>
2) 일시
3) 장소
4) 회비

참 즐거운 **한국어**

CHAPTER **7**

서로 불만을 이야기하다가 싸웠어요

히로 씨와 왜 싸웠어요?

서로 불만을 이야기하다가 싸웠어요.

CHAPTER 7

🏛 문법을 배우세요

V-다(가)

앞 문장의 행동이 뒤 문장의 원인이나 이유가 될 때 사용한다. 부정적인 상황에 많이 사용한다. 앞 문장과 뒤 문장의 주어가 같다. 'V-다가'에서 '-가'를 생략하고 'V-다'로 쓸 수 있다.

동사	받침 O : -다(가)	받침 X : -다(가)
	먹다 → 먹다가 읽다 → 읽다가	오다 → 오다가 쉬다 → 쉬다가

가다 ⇒ _____ 뛰다 ⇒ _____

만들다 ⇒ _____ 웃다 ⇒ _____

앉다 ⇒ _____ 사다 ⇒ _____

다니다 ⇒ _____ 청소하다 ⇒ _____

입다 ⇒ _____ 이야기하다 ⇒ _____

🪭 말해 보세요

밤늦게까지 게임을 하다   숙제를 못 했어요
창문을 열고 자다   감기에 걸렸어요
아이가 놀다   **-다가**   넘어졌어요
며칠 동안 쉬지 않고 일을 하다   과로로 쓰러졌어요
친구와 같이 발표 준비를 하다   싸웠어요

🦋 대답해 보세요

1 왜 남자 친구와 싸웠어요? ⇒ _____ (여행을 계획하다)

2 왜 감기에 걸렸어요? ⇒ _____ (창문을 열어 놓고 자다)

3 아이가 왜 다리를 다쳤어요? ⇒ _____ (계단에서 뛰다)

4 왜 숙제를 못 했어요? ⇒ _____ (어제 축구 경기를 보다)

서로 불만을 이야기하다가 싸웠어요

연습해 보세요

카밀라 : 체첵 씨, 안 좋은 일이 있어요? 안색이 나빠요.
체 첵 : ① 히로와 싸워서 기분이 안 좋아요.
카밀라 : ① 히로와 싸웠어요?
체 첵 : 네, ② 서로 불만을 이야기하다가 ① 싸웠어요.
카밀라 : 그래요? 많이 ③ 힘들겠어요.
체 첵 : 그래도 다행히 ④ 화해했어요.

①	히로와 싸우다	교통사고가 나다	용돈을 다 쓰다	감기에 걸리다
②	서로 불만을 이야기하다가	통화를 하면서 운전하다	쇼핑을 하다	에어컨을 틀고 자다
③	힘들다	놀랐다	불편하다	아프다
④	화해하다	다치지 않다	내일 월급을 받다	많이 나았다

들어 보세요

TRACK 7

1 두 사람이 주말에 갈 곳을 모두 고르세요. (   )

 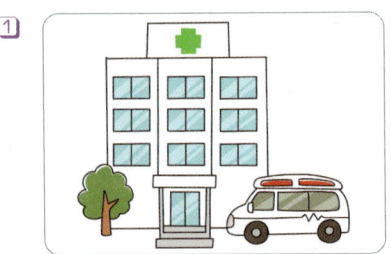　 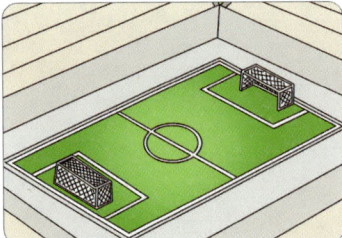　

2 잘 듣고 O, X 하세요.

① 남자의 아버지는 병원에 입원하셨다.
② 남자의 아버지는 다리를 다치셨다.
③ 여자의 남동생은 축구를 하다가 다쳤다.

3 잘 듣고 빈칸에 쓰세요.

민 재 : 주말에 부모님 댁에 다녀와야겠어요.
지 은 : 부모님 댁에요? 무슨 일이 있어요?
민 재 : 아버지가 　　　　　 다치셨대요.
지 은 : 어머? 많이 다치셨대요? 어디를 다치셨대요?

민 재: 많이 다친 건 아닌 것 같아요. _____ 허리를 조금 삐었대요.
지 은: 그래요? 나는 주말에 병원에 가 봐야 할 것 같은데…
민 재: 왜요? 무슨 일이 있어요?
지 은: 남동생이 _____ 뼈에 금이 가서 입원을 했대요.
민 재: 이런… 그럼 병원에 갔다가 부모님 댁에 갈까요?
지 은: 그래요.

단어를 공부하세요

| 과로 | 쓰러지다 | 허리를 삐다 | 뼈 | 금이 가다 |

더 배워 보세요

V-다(가) 앞 문장의 행동이 뒤 문장의 원인이나 이유일 때, 부정적인 상황

* 운동하다가 다쳤어요. (O)
  : 부정적인 결과의 원인에 사용한다.

* 쇼핑하다가 용돈을 다 쓰세요. (X)

* 이야기하다가 싸웁시다. (X)
  : 뒤 문장에 청유형이나 명령형을 사용할 수 없다.

V-다가 앞 문장의 행동을 끝까지 하지 않고 중간에 다른 행동으로 바꿀 때

* 학교에 가다가 돌아왔어요. (O)
  : 끝까지 하지 않고 중간에 다른 행동으로 바꿨을 때 사용한다.

* 쇼핑하다가 영화를 보세요. (O)

* 이야기하다가 밥을 먹읍시다. (O)
  : 뒤 문장에 청유형이나 명령형을 사용할 수 있다.

CHAPTER 8
카밀라 씨가 제 손을 차가운 물로 씻겼어요

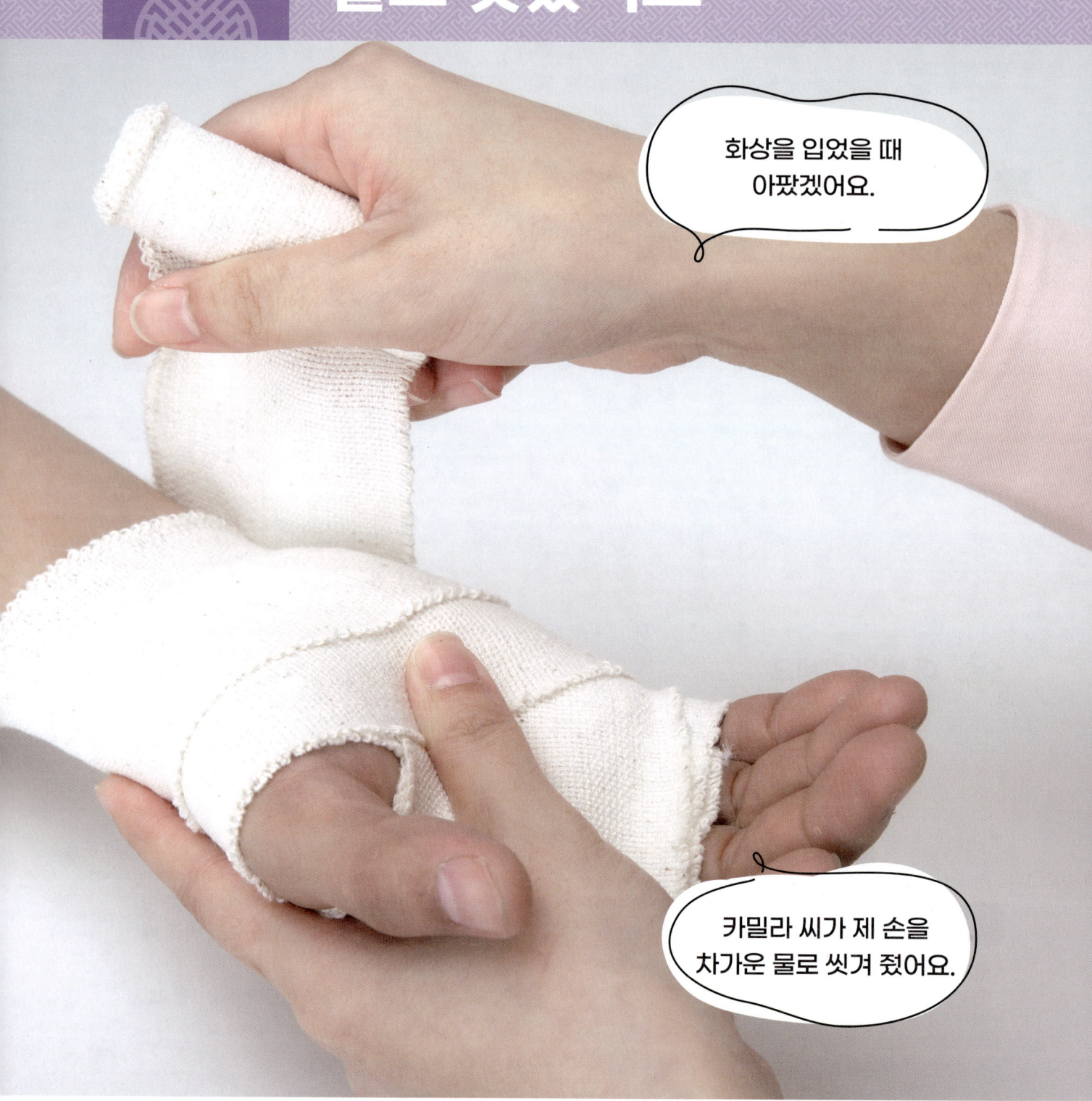

CHAPTER 8

 문법을 배우세요

사동 ①	주어가 다른 사람에게 행동을 시킬 때 사용한다. 주로 동사에 '-이-', '-히-', '-리-', '-기-', '-우-'를 붙여서 만든다. 형용사에 '-이-', '-히-', '-리-', '-기-', '-우-'를 붙여서 만들 수도 있다.

이	히	리	기	우
끓다 - 끓이다	익다 - 익히다	울다 - 울리다	남다 - 남기다	자다 - 재우다
죽다 - 죽이다	식다 - 식히다	얼다 - 얼리다	씻다 - 씻기다	서다 - 세우다
속다 - 속이다	밝다 - 밝히다	살다 - 살리다	웃다 - 웃기다	비다 - 비우다
높다 - 높이다	넓다 - 넓히다	마르다 - 말리다	벗다 - 벗기다	깨다 - 깨우다

사동사의 문장 구조 ①

N1이/가 V	⇒	N2이/가 N1을/를 사동사	
물이 끓다		프엉안이 물을	끓이다
환자가 살다		의사가 환자를	( )
물이 얼다		롱이 물을	( )
고기가 익다		요리사가 고기를	( )
피자가 남다	⇒	마리가 피자를	( )
제임스가 씻다		폴이 제임스를	( )
체첵이 웃다		히로가 체첵을	( )
소피아가 자다		엄마가 소피아를	( )
택시가 서다		루이가 택시를	( )

사동사의 문장 구조 ②

N1이/가 V	⇒	N2이/가 N1을/를 사동사	
아이가 옷을 벗다		엄마가 아이의 옷을	벗기다
제임스가 머리를 감다	⇒	폴이 제임스의 머리를	( )
강아지가 발을 씻다		프엉안이 강아지의 발을	( )
손님이 머리를 말리다		미용사가 손님의 머리를	( )

연습해 보세요

⇒ 프엉안이 불을 켜서 방을 _____.

⇒ 미용사가 손님의 머리를 _____.

⇒ 엄마가 아이의 양말을 _____.

⇒ 형이 동생을 때려서 _____.

들어 보세요

TRACK 8

① 프엉안은 무엇을 하다가 팔을 다쳤어요? (   )

② 잘 듣고 O, X 하세요.

① 프엉안은 오른팔을 다쳐서 생활하는 것이 불편하다.
② 카밀라는 프엉안을 위해서 얼음을 얼렸다.
③ 카밀라가 옆에 있어서 프엉안은 다치지 않았다.

③ 잘 듣고 빈칸에 쓰세요.

롱　　　 : 프엉안 씨, 팔을 다쳐서 깁스를 했다고 들었어요. 괜찮아요?
프엉안 : 오른팔에 깁스를 해서 _____ 좀 불편해요.
롱　　　 : 어쩌다가 팔을 다쳤어요?
프엉안 : 제가 _____ 냄비를 떨어뜨렸어요. 뜨거운 라면 국물이 피부에 닿아서 화상을 입었어요.

롱 : 정말 아팠겠어요.
프엉안 : 카밀라 씨가 제 손을 차가운 물로 _____.
그리고 카밀라 씨가 얼음을 얼려서 그걸로 손을 _____.
롱 : 카밀라 씨가 옆에 있어서 정말 다행이네요.

단어를 공부하세요

| 속다 | 익다 | 돌다 | 맡다 | 서다 |

| 깨다 | 어쩌다가 | 화상을 입다 | 건강 보험 | 매달 |

| 발견하다 | 치료하다 | 제도 |

한국 문화 배우기 [한국의 제도 ① - 건강 보험과 건강 검진]

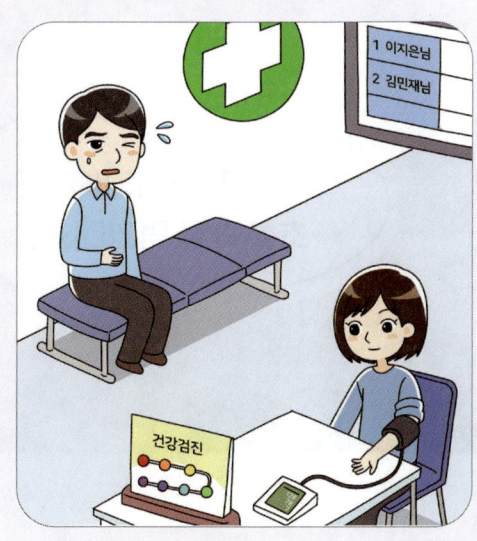

한국 사람들과 한국에 사는 외국인들은 모두 건강 보험에 가입해야 한다.
건강 보험에 가입하면 매달 보험료를 낸다. 그리고 아플 때 병원과 약국을 저렴하게 이용할 수 있다.
한국에서 건강 보험에 가입한 사람들은 모두 2년에 한 번씩 건강 검진을 한다. 건강 검진을 하면 아프기 전에 병을 발견해서 치료할 수 있어서 건강에 도움이 된다. 한국의 건강 보험과 건강 검진 제도는 사람들을 더 건강하게 살 수 있게 하는 좋은 제도이다.

참 즐거운 한국어

CHAPTER 9

아이가 강아지에게 초콜릿을 먹였어요

CHAPTER 9

 문법을 배우세요

사동 ②	주어가 다른 사람에게 행동을 시킬 때 사용한다. 동사에 '-이-', '-히-', '-리-', '-기-', '-우-'를 붙여서 만든다.

이	히	리	기	우
붙다 - 붙이다 보다 - 보이다 먹다 - 먹이다	앉다 - 앉히다 눕다 - 눕히다 입다 - 입히다 읽다 - 읽히다	울다 - 울리다 알다 - 알리다 살다 - 살리다	맡다 - 맡기다 신다 - 신기다	타다 - 태우다 쓰다 - 씌우다

사동사의 문장 구조 ③

N1이/가 N2을/를 V	⇒	N3이/가 N1에게(한테) N2을/를 사동사	
강아지가 밥을 먹다		프엉안이 강아지에게 밥을	먹이다
손님이 옷을 보다		직원이 손님에게 옷을	( )
아이가 옷을 입다		아빠가 아이에게 옷을	( )
학생이 책을 읽다	⇒	선생님이 학생에게 책을	( )
제임스가 신발을 신다		폴이 제임스에게 신발을	( )
소피아가 모자를 쓰다		루루가 소피아에게 모자를	( )
민재가 소식을 알다		지은이 민재에게 소식을	( )
히로가 가방을 맡다		체첵이 히로에게 가방을	( )

사동사의 문장 구조 ④

N1이/가 N2에 V	⇒	N3이/가 N1을/를 N2에 사동사	
제임스가 침대에 눕다		폴이 제임스를 침대에	눕히다
아기가 의자에 앉다	⇒	아빠가 아기를 의자에	( )
그림이 벽에 붙다		롱이 그림을 벽에	( )
마리가 차에 타다		루이가 마리를 차에	( )

아이가 강아지에게 초콜릿을 먹였어요

연습해 보세요

⇒ 엄마가 아이에게 밥을 _____.

⇒ 누나가 동생을 의자에 _____.

⇒ 히로가 사진을 벽에 _____.

⇒ 아빠가 아이에게 모자를 _____.

들어 보세요

TRACK 9

1 두 사람이 대화하는 곳을 고르세요. (   )

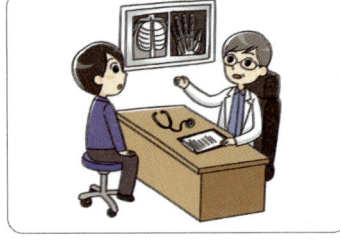  

2 잘 듣고 O, X 하세요.

① 여자는 강아지가 토하고 힘이 없어서 병원에 왔다.
② 여자의 아이는 강아지에게 초콜릿을 많이 먹였다.
③ 강아지는 초콜릿이 맛있어서 아주 좋아한다.

3 잘 듣고 빈칸에 쓰세요.

루　루 : 의사 선생님, 저희 강아지가 계속 토하고 힘이 없어요.
수의사 : 강아지가 뭘 잘못 먹었어요?
루　루 : 아이가 강아지에게 초콜릿을 _____.
수의사 : 일단 강아지를 진찰대에 _____. 많이 _____?

루　루: 많이 먹이지는 않았어요. 초콜릿이 맛있어서 조금 줬대요. 강아지가 토해서 아이도 많이 놀랐어요.
수의사: 다행히 초콜릿은 다 토한 것 같아요. 강아지에게 초콜릿을 　　　　　 안 돼요.
　　　　아이에게 그걸 꼭 　　　　　.
루　루: 네, 알겠어요. 감사합니다. 선생님.

단어를 공부하세요

| 붙다 | 눕다 | 알다 | 진찰대 | 토하다 | 놀라다 |

| 휴전 상태 | 병역의 의무 | 신체검사 | 현역 | 입대하다 | 공익 근무 요원 |

| 면제 | 계급 | 진급 | 제대하다 | 내무반 |

한국 문화 배우기 [한국의 제도 ② - 한국의 군대]

한국과 북한은 현재 휴전 상태이다. 전쟁을 쉬고 있는 것이지 전쟁이 끝난 것이 아니다. 그래서 한국 남자들은 전쟁에 대비하여 군대에 간다. 이것을 병역의 의무라고 한다.

모든 한국 남자들은 19세가 되는 해부터 신체검사를 받는다. 신체검사를 한 결과 건강 상태에 따라 1급에서 5급까지 구분된다. 1급부터 3급까지는 현역으로 군대에 입대한다. 현역은 육군이나 해군, 공군으로 입대해서 18개월에서 22개월 정도 복무한다. 4급은 공익 근무 요원으로 국가기관이나 지방자치단체, 공공단체 등에서 일한다. 5급은 병역의 의무가 면제된다.

군대에 처음 입대하면 계급은 이등병이다. 그 후에 일병, 상병, 병장으로 진급한 후에 제대한다. 현역으로 입대하면 복무 기간 동안 내무반에서 생활한다. 가끔 휴가를 받아서 집에 갈 수 있다. 여성의 경우 의무가 아니어서 본인이 지원하면 군대에 갈 수 있다.

CHAPTER 10
소피아가 제임스에게 컴퓨터를 못 쓰게 했대요

CHAPTER 10

문법을 배우세요

V-게 하다 주어가 다른 사람에게 행동을 시킬 때 사용한다.

동사	받침 O : -게 하다	받침 X : -게 하다
	먹다 → 먹게 하다 듣다 → 듣게 하다	배우다 → 배우게 하다 일하다 → 일하게 하다

가다 ⇒ _____
만들다 ⇒ _____
앉다 ⇒ _____
다니다 ⇒ _____
입다 ⇒ _____

뛰다 ⇒ _____
웃다 ⇒ _____
사다 ⇒ _____
청소하다 ⇒ _____
이야기하다 ⇒ _____

말해 보세요

어렸을 때 부모님께서 무엇을 시키셨어요?

- 매일 일기를 쓰다
- 매일 이를 닦다
- 방을 직접 청소하다
- 밥을 먹기 전에 손을 씻다
- 겨울에 아이스크림을 못 먹다
- 밤에 노래를 못 부르다

-게 하셨어요

대답해 보세요

1. 부모님께서 뭘 배우게 했어요? ⇒ _____ (피아노를 배우다)
2. 선생님께서 뭘 못하게 했어요? ⇒ _____ (수업 시간에 휴대폰을 못하다)
3. 친구에게 뭘 부탁했어요? ⇒ _____ (밤에 음악을 듣지 말다)
4. 친구에게 무슨 부탁을 받았어요? ⇒ _____ (마트에서 우유를 사오다)

소피아가 제임스에게 컴퓨터를 못 쓰게 했대요

연습해 보세요

폴 : 아까 소피아와 제임스는 왜 싸운 거예요?
루루 : 소피아가 제임스에게 ① 컴퓨터를 못 쓰게 했대요.
폴 : 그건 소피아가 잘못했네요.
루루 : 그런데 제임스가 먼저 잘못을 했어요.
　　　소피아가 ② 숙제한 파일을 지워 버렸대요.
폴 : 그럼 제임스에게 먼저 ③ 사과하게 해야겠네요.
루루 : 네, 그리고 두 사람을 화해하게 해야겠어요.

①	컴퓨터를 못 쓰다	자기 책을 못 읽다	방에 들어오지 못하다	자기 장난감을 못 만지다
②	숙제한 파일을 지워 버리다	산 책을 잃어버리다	정리한 방을 더럽히다	아끼는 인형을 망가뜨리다
③	사과하다	책을 사 주다	방을 정리하다	미안하다고 말하다

들어 보세요

TRACK 10

1 프엉안이 할 일이 아닌 것을 고르세요. (　　)

2 잘 듣고 O, X 하세요.

① 남자는 프엉안에게 아이들을 부탁하고 외출한다.
② 프엉안은 아이들을 돌보는 것이 처음이다.
③ 제임스는 소피아가 씻은 후에 목욕을 할 것이다.

3 잘 듣고 빈칸에 쓰세요.

폴　　 : 고마워요, 프엉안 씨가 아이들을 봐 줘서 외출을 할 수 있어요.
프엉안 : 고향에서도 아이를 돌보는 아르바이트를 해 봐서 괜찮아요. 두 분이 외출하시는 동안 제가 뭘 하면 될까요?
폴　　 : 저녁 8시까지는 노는 시간이니까 하고 싶은 일을 　　　　　.
　　　　 8시가 되면 제임스는 숙제를 　　　　 소피아는 　　　　　.

프엉안 : 제임스는 숙제, 소피아는 독서, 알겠어요.
폴 : 그리고 9시가 되면 제임스는 _____. 그 후에 재우세요.
    소피아는 9시 반에 _____ 침대에 가서 _____.
프엉안 : 네, 알겠어요. 걱정마세요.

단어를 공부하세요

파일	지워 버리다	망가뜨리다	복지 제도	사회 보험
국민건강보험	고용보험	국민연금	퇴직	산업재해보상보험
해고 당하다	연금	국민기초생활보장제도	의료급여제도	

한국 문화 배우기 [한국의 제도 ③ - 복지 제도]

복지 제도는 국민들이 인간으로서 기본적인 생활을 할 수 있도록 국가에서 돕는 제도이다. 한국에는 여러 종류의 복지 제도가 있다. 먼저, 사회 보험이다. 보험은 위험에 대비해서 평소에 조금씩 돈을 내다가 사고가 생기면 그것에 필요한 비용을 받는 것이다. 한국의 사회 보험은 국민건강보험, 고용보험, 국민연금, 산업재해보상보험이다. 이것을 4대 보험이라고 한다. 국민건강보험은 의료비를 지원해 주는 보험이다. 고용보험은 직장에서 해고 당했을 때 일정 기간 돈을 지원받는 제도이다. 국민연금은 퇴직 후 매달 월급 대신 연금을 받는 제도이다. 산업재해보상보험은 직장에서 일하다가 사고로 다쳤을 때 의료비 등을 지원받는 제도이다. 법에 따라서 사회 보험은 일하는 사람들은 꼭 가입해야 한다. 돈을 벌 능력이 없는 사람들을 도와주는 제도는 국민기초생활보장제도와 의료급여제도가 있다. 국민기초생활보장제도는 소득이 최저생계비보다 적은 저소득층에게 생활비를 지원해 주는 제도이다. 의료급여제도는 저소득층에게 의료비를 지원해 주는 제도이다.

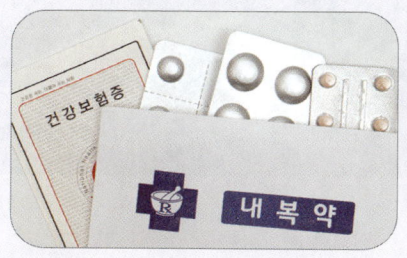

CHAPTER 11 우산을 가져올 걸 그랬어요

CHAPTER 11

문법을 배우세요

V-(으)ㄹ 걸 그랬다

과거에 하지 못한 일에 대해 그 행동을 했으면 현재 상황이 더 좋았을 것이라 생각하며 후회하는 구어체 표현이다.

동사	받침 O : -을 걸 그랬다	받침 X : -ㄹ 걸 그랬다
	먹다 → 먹을 걸 그랬다 받다 → 받을 걸 그랬다	사다 → 살 걸 그랬다 보다 → 볼 걸 그랬다

가다 ⇒ _____
사다 ⇒ _____
마시다 ⇒ _____
예매하다 ⇒ _____
준비하다 ⇒ _____

먹다 ⇒ _____
하다 ⇒ _____
듣다 ⇒ _____
가져오다 ⇒ _____
배우다 ⇒ _____

말해 보세요

운전을 — 배워 두다
청소를 — 해 놓다
요리 재료를 — 손질해 두다
비행기표를 — 예매해 놓다
창문을 — 닫아 놓다

→ -(으)ㄹ 걸 그랬어요

대답해 보세요

① 시험공부 많이 했어요? ⇒ 아니요, _____ (공부해 놓다)

② 내일 발표 준비 많이 했어요? ⇒ 아니요, _____ (연습해 두다)

③ 어디에 가요? ⇒ 은행에 가요, _____ (현금을 찾아 놓다)

④ 왜 일본어 책을 샀어요? ⇒ 일본에 출장을 가요, _____ (미리 공부해 두다)

연습해 보세요

지 은 : 무슨 일 있어요? 기분이 안 좋아 보여요.
루 이 : ① 여자 친구가 헤어지자고 해요.
지 은 : 왜 ① 헤어지자고 해요?
루 이 : 제가 ② 약속을 잘 안 지켰어요.
　　　　③ 약속을 잘 지킬 걸 그랬어요.
지 은 : 너무 속상해하지 마세요.
루 이 : ④ 더 주의할 걸 그랬어요.

①	여자 친구가 헤어지자	병원에서 술을 끊어라	은행에서 대출이 안 된다	친구가 여행을 같이 안 간다
②	약속을 잘 안 지키다	날마다 술을 마시다	저축을 안 하다	호텔 예약을 안 하다
③	약속을 잘 지키다	조금만 마시다	저축을 해 놓다	미리 예약하다
④	더 주의하다	건강을 생각하다	절약하다	더 신경 쓰다

들어 보세요

TRACK 11

1 지금 창밖의 날씨는 어떻습니까? (　　　)

2 잘 듣고 O, X 하세요.

① 여자는 오늘 우산을 가져 왔다.
② 남자는 일기 예보를 들었지만 우산을 안 가져 왔다.
③ 남자는 어제 공부하느라고 늦게 자서 아침에 늦게 일어났다.

3 잘 듣고 빈칸에 쓰세요.

지 은 : 어머, 밖에 비가 오네요.
루 이 : 아, 정말이요? 이런, 우산을 ＿＿＿＿＿＿＿＿＿.
지 은 : 저는 일기 예보를 들어서 가져왔어요.
루 이 : 저도 일기 예보를 ＿＿＿＿＿＿＿＿＿. 아침마다 일기 예보를 듣는데 오늘은 못 들었어요.

지 은: 왜 못 들었어요?
루 이: 어제 술을 마시고 늦게 잤거든요. 그래서 늦게 일어났어요. 일찍 _____.
지 은: 이따가 지하철 역까지 같이 쓰고 가요.

단어를 공부하세요

| 속상해하다 | 술을 끊다 | 대출 | 저축을 하다 | 이따가 |

써 보세요

다음 내용을 넣고 '물건 판매'를 제목으로 글을 써 보세요.

<제 물건을 싸게 팔아요. 좋은 가격에 가져가세요!>

1) 이 물건은 무엇입니까?
2) 왜 이 물건을 팔게 되었습니까?
3) 이 물건의 장점은 무엇입니까?
4) 배달 요금은 어떻게 합니까?

_____
_____
_____
_____

참 즐거운 **한국어**
CHAPTER
12 어제 잠을 잘 못 잤거든요

CHAPTER 12

문법을 배우세요

V-거든요 — 이유를 나타내는 구어체 표현으로 문장의 끝에 사용한다.

	받침 O : -거든요	받침 X : -거든요
동사	먹다 → 먹거든요 읽다 → 읽거든요	오다 → 오거든요 자다 → 자거든요
형용사	작다 → 작거든요 힘들다 → 힘들거든요	크다 → 크거든요 예쁘다 → 예쁘거든요

입다 ⇒ _____   비싸다 ⇒ _____

찍다 ⇒ _____   맛있다 ⇒ _____

말하다 ⇒ _____   재미있다 ⇒ _____

연습하다 ⇒ _____   심심하다 ⇒ _____

일어나다 ⇒ _____   어렵다 ⇒ _____

말해 보세요

왜 병원에 가요?   감기에 걸리다
왜 안경을 써요?   눈이 나쁘다
왜 시장에 가요?   백화점은 비싸다
왜 우산을 챙겨요?   비가 오다
왜 청소를 해요?   부모님이 오시다
왜 웃어요?   드라마가 재미있다

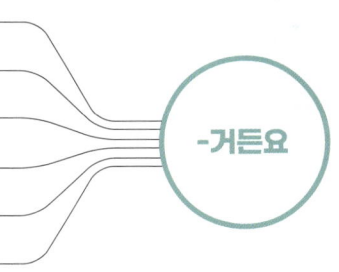

'A/V-(으)ㄴ/는데도'를 사용해 알맞은 문장을 만들어 보세요

 우울해 보여요.   ⇒ _____ (시험을 잘 못 봤다)

② 창문을 왜 닫아요?   ⇒ _____ (춥다)

③ 아침 일찍 나오셨네요. ⇒ _____ (일찍 일어났다)

④ 기분이 좋아 보여요.   ⇒ _____ (고향에서 부모님이 오시다)

연습해 보세요

롱 : 이번 주 토요일에 ① 몇 시에 만날까요?
프엉안 : 아, 미안해요. 제가 ② 좀 늦을 거 같아요.
롱 : 왜요? 무슨 일이 있어요?
프엉안 : 네, ③ 갑자기 부모님이 오시거든요.
롱 : 네, 알겠어요.
프엉안 : 다음 주는 어때요? ④ 부모님이 가시거든요.
롱 : 네, 그럼 약속을 다음 주로 미룰게요.

①	몇 시에 만나다	무슨 영화를 보다	뭐 먹다	무슨 요리를 하다
②	좀 늦다	못 가다	못 먹다	요리를 못 하다
③	갑자기 부모님이 오시다	갑자기 출장이 잡히다	요즘 다이어트하다	손을 좀 베었다
④	부모님이 가시다	출장이 끝나다	다이어트가 끝나다	손이 나을 것이다

들어 보세요

TRACK 12

1 롱 씨는 왜 눈이 부었습니까? (   )

2 잘 듣고 O, X 하세요.

① 롱 씨는 어제 밤에 잠을 거의 자지 않았다.
② 롱 씨는 게으른 편이라서 발표 준비를 미리 했다.
③ 프엉안 씨는 미리 준비하지 않으면 마음이 불편하다.

3 잘 듣고 빈칸에 쓰세요.

프엉안 : 롱 씨, 눈이 왜 부었어요?
롱 : 어제 잠을 _____.
프엉안 : 아니, 왜 잠을 못 잤어요?
롱 : 발표 준비 하느라고 거의 밤을 _____.

60 | 참 즐거운 한국어 12과

프엉안: 아, 미리 좀 하지 그랬어요.
롱   : 맞아요. 제가 좀 _____. 앞으로는 부지런한 생활을 해야겠어요.
프엉안: 저는 미리 준비하는 편이에요. 미리 하지 않으면 마음이 _____.
롱   : 네, 저도 프엉안 씨처럼 해야겠어요.

단어를 공부하세요

| 불안하다 | 손을 베다 | 불편하다 | 게으르다 | 출장이 잡히다 | 다이어트하다 |

| 낫다 | 도 | 특별자치도 | 특별시 | 광역 | 수도 |

한국 문화 배우기 [한국의 지리 ① - 한국의 지역 구분]

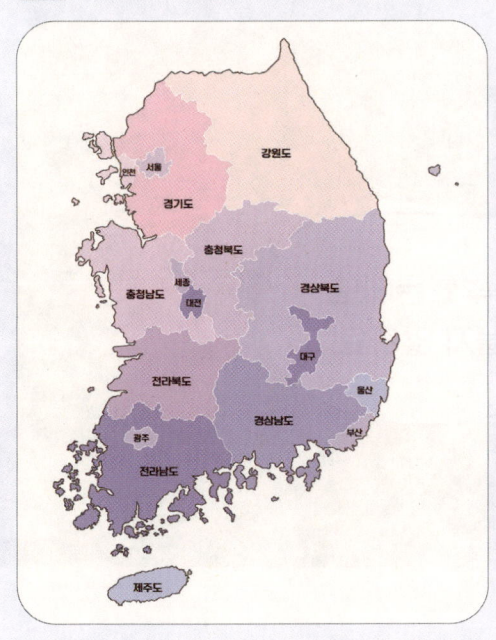

대한민국에는 8개의 도와 1개의 특별자치도, 1개의 특별시와 6개의 광역시가 있다.
8도는 한국의 지역을 구분하는 말이다.
경기도, 강원도, 충청남도, 충청북도, 전라남도, 전라북도, 경상남도, 경상북도 등 8개의 도가 있다. 그리고 제주도는 제주특별자치도라고 해서 다른 도와 조금 다르다. 예를 들어 한국에 올 때 비자가 필요한 나라의 국민이 제주도에 갈 때는 비자가 필요 없는 경우도 있다.
1개의 특별시는 서울특별시다. 한국의 수도인 서울특별시는 경기도 중앙에 있다.
6개의 광역시는 부산, 대구, 인천, 대전, 광주, 울산이다. 도시 중에서 사람이 많고 큰 도시를 광역시라고 한다.

CHAPTER 13
1년을 공부했는데도 실력이 늘지 않아요

| CHAPTER 13 |

문법을 배우세요

A/V-(으)ㄴ/는데도   뒤 문장의 내용이 앞 문장의 상황과 상관이 없이 뒤의 동작이나 상태가 발생했을 때 사용한다.

	받침 O : -는데도	받침 X, 받침 ㄹ : -는데도
동사	먹다 → 먹는데도 읽다 → 읽는데도	오다 → 오는데도 만들다 → 만드는데도
	받침 O : -은데도	받침 X, 받침 ㄹ : -ㄴ데도
형용사	작다 → 작은데도 넓다 → 넓은데도	크다 → 큰데도 멀다 → 먼데도

입다 ⇒ _____ 춥다 ⇒ _____

듣다 ⇒ _____ 싸다 ⇒ _____

걷다 ⇒ _____ 어렵다 ⇒ _____

만들다 ⇒ _____ 힘들다 ⇒ _____

운동하다 ⇒ _____ 조용하다 ⇒ _____

말해 보세요

'A/V-(으)ㄴ/는데도'를 사용해 알맞은 문장을 만들어 보세요

1. 매일 청소를 하다. ⇒ _____ (지저분하다)

2. 열심히 공부를 하다. ⇒ _____ (시험을 못 보다)

3. 음식이 맛있다. ⇒ _____ (손님이 없다)

4. 운동화를 신다. ⇒ _____ (발이 아프다)

연습해 보세요

카밀라 : ① 한국어가 너무 어려운 거 같아요.
히　로 : 왜 그래요?
카밀라 : ② 1년을 공부했는데도 ③ 실력이 안 늘어요.
　　　　히로 씨는 어때요?
히　로 : 저도 그래요. ④ 뉴스로 듣기 연습을 하는데도
　　　　③ 실력이 안 늘어요.
카밀라 : 역시 그렇군요.

①	한국어가 너무 어렵다	요즘 몸이 안 좋다	날씨가 너무 춥다	물가가 많이 오르다
②	1년을 공부했다	많이 자다	옷을 두껍게 입다	돈을 아껴쓰다
③	실력이 안 늘다	계속 피곤하다	쌀쌀하다	항상 부족하다
④	뉴스로 듣기 연습을 하다	규칙적인 생활을 하다	내복을 입다	가계부를 쓰다

들어 보세요

TRACK 13

1 루루 씨는 어디에 다녀오는 길입니까? (　　　)

2 잘 듣고 O, X 하세요.

① 루루 씨는 마트에서 세일 상품을 싸게 샀다.
② 이따가 제임스가 집에 친구들을 데리고 올 것이다.
③ 제임스는 떡볶이가 매워서 잘 못 먹는다.

3 잘 듣고 빈칸에 쓰세요.

지　은 : 루루 씨, 안녕하세요? 마트에 다녀오세요?
루　루 : 네, 지은 씨, 제임스가 이따가 친구들을 데리고 온대요. 그래서 간식거리를 좀 사 왔어요.
　　　　_____ 좀 비싸네요.
지　은 : 학교에 간지 얼마 _____ 잘 적응하나 봐요.

루　　루: 네, 유치원 다닐 때 보다 더 활발해진 것 같아요.
지　　은: 제임스는 무슨 음식을 좋아해요?
루　　루: 요즘은 떡볶이를 잘 먹어요. _____ 아주 좋아해요.
지　　은: 편식하지 않고 잘 먹으니 좋네요.
루　　루: _____ 키가 안 커서 좀 걱정이에요.

단어를 공부하세요

| 간식거리 | 유치원 | 활발하다 | 편식하다 | 가계부 | 내복 |

| 물가가 오르다 | 실력이 늘다 | 인기가 없다 | 살이 빠지다 | 지저분하다 | 수도권 |

| 인구 | 행정 | 처리하다 | 도청 |

한국 문화 배우기 [한국의 지리 ② - 경기도와 강원도]

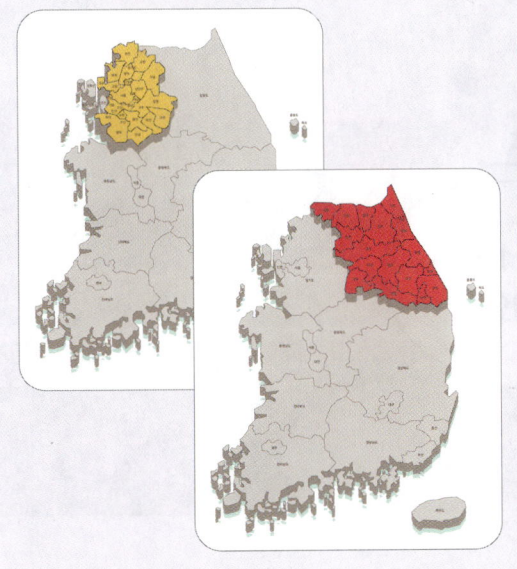

한국의 중부 지방에 경기도와 강원도가 있다. 경기도와 강원도의 북쪽은 북한 지역이다. 경기도는 서울특별시, 인천광역시와 접하고 있으며 이 세 지역을 수도권이라고 한다. 수도권에는 한국 인구의 1/2이 살고 있다.

서울특별시는 한국의 수도이며 인천광역시에는 한국에서 가장 큰 공항인 인천 공항이 있다. 경기도의 행정을 처리하는 경기도청은 수원시에 있다.

강원도는 전체의 80%가 산이다. 아름다운 산과 동해가 있어서 유명한 관광지가 많다. 그리고 강원도는 겨울에 춥고 눈이 많이 와서 겨울 스포츠를 즐기기 좋다. 강원도청은 춘천시에 있다.

CHAPTER 14 여자친구가 화가 나서 아무 말도 안 해요

CHAPTER 14

문법을 배우세요

아무 N도 — 사람이나 사물을 가리키며, 후행절에 부정의 표현이 온다.

아무 + 명사	받침 ○ : 도	받침 X : 도
	아무것 → 아무것도 아무 곳 → 아무 곳도	아무 데 → 아무 데도 아무 때 → 아무 때도

아무　　⇒ _____　　　아무 데　⇒ _____

아무것　⇒ _____　　　아무 곳　⇒ _____

아무한테⇒ _____　　　아무 생각⇒ _____

아무 운동⇒ _____　　　아무 말　⇒ _____

	아무 + 도
사람	아무도, 아무한테도, 아무하고도
물건	아무것도
장소	아무 데도, 아무 곳도
시간	아무 때도

말해 보세요

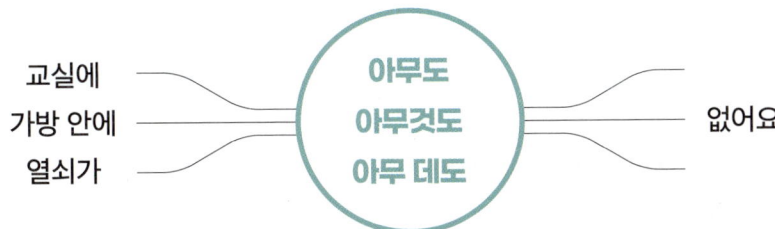

교실에 / 가방 안에 / 열쇠가 → 아무도 / 아무것도 / 아무 데도 → 없어요

대답해 보세요

1. 뭐 먹을까요?　　　　　　　　　⇒　배가 아파서 _____.

2. 어디로 여행갈까요?　　　　　　⇒　시간이 없어서 _____.

3. 히로 씨, 주머니에 뭐가 들었어요? ⇒　제 주머니에는 _____.

4. 루루 씨, 왜 _____ 안 해요? ⇒　제가 목감기에 걸려서 목이 너무 아파요.

연습해 보세요

마 리 : 루이 씨, ① 영화를 보는 걸 좋아하세요?
루 이 : 네, 좋아해요.
마 리 : 그럼 주말에 같이 ① 영화를 볼까요?
루 이 : 좋은 생각이에요.
　　　　그동안 ② 너무 바빠서 ③ 아무 영화도 못 봤어요.
마 리 : 그럼 언제 만날까요?
루 이 : 아무 때나 만나요.

①	영화를 보다	운동을 하다	노래를 부르다	음식을 만들다
②	너무 바쁘다	게으르다	한국 노래가 어렵다	한국 음식이 너무 복잡하다
③	영화를 보다	운동을 못하다	노래를 못 부르다	음식을 못 만들다

들어 보세요

TRACK 14

1 남자는 지금 무슨 걱정이 있습니까? (　　)

① 　② 　③

2 잘 듣고 O, X 하세요.

① 남자의 여자 친구는 화가 나서 아무 말도 하지 않는다.
② 남자의 여자 친구는 아무한테도 비밀을 말하지 않았다.
③ 남자는 실수를 했지만 좋은 생각이 있다.

3 잘 듣고 빈칸에 쓰세요.

카밀라 : 히로 씨, 무슨 일이 있어요?
히　로 : 네, 여자 친구가 화가 나서 　　　　　　 안 해요.
카밀라 : 왜 화가 났어요?
히　로 : 여자 친구가 비밀을 　　　　　　 말하지 말라고 했는데 제가 술을 마시고 친구한테 말해버렸거든요.

카밀라: 저런, 히로 씨가 실수했네요.
히 로: 네, 어떻게 하면 좋을지 모르겠어요.
카밀라: 좋은 아이디어가 없을까요?
히 로: 지금은 _____ 안 나요.

단어를 공부하세요

| 열쇠 | 주머니 | 목감기 | 게으르다 | 노래를 부르다 | 비밀 |

| 실수하다 | 아이디어 | 생각이 나다 | 서해 | 접하다 | 정부 |

| 기관 | 특별자치시 | 호남 | 농사를 짓다 | 벼농사 |

한국 문화 배우기 [한국의 지리 ③ - 충청도와 전라도]

충청도와 전라도는 한국의 남서쪽에 있다. 충청도와 전라도는 서해에 접해 있다. 충청도에는 대전광역시가 있다. 충청북도는 대한민국의 중심에 있고 충청북도청은 청주시에 있다. 충청북도는 대한민국의 8도 중에서 유일하게 바다가 없는 곳이다. 충청남도에는 정부의 중요한 기관이 많이 있는 세종특별자치시가 있다. 충청남도청은 홍성군에 있다.
전라도는 호남지역이라고 부른다. 전라도는 예전부터 땅이 넓어서 농사를 많이 지었다. 벼농사와 맛있는 음식으로 유명하다. 전라남도청은 무안군에 있으며 전라북도청은 전주시에 있다.

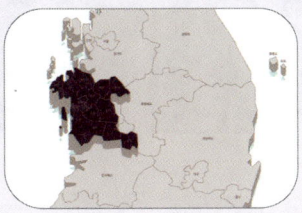 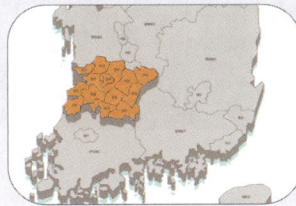 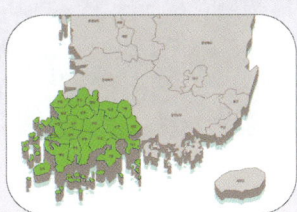 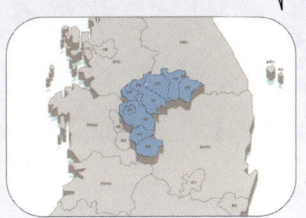

참 즐거운 **한국어**

CHAPTER

15 빨리 나아야 할 텐데 걱정이네요

CHAPTER 15

문법을 배우세요

A/V-아/어야 할 텐데   희망 사항 뒤에 그로 인한 걱정을 말할 때 사용한다.

	ㅏ, ㅗ : -아야 할 텐데	ㅓ, ㅜ, ㅡ, ㅣ… : -어야 할 텐데
동사	사다 → 사야 할 텐데 오다 → 와야 할 텐데	먹다 → 먹어야 할 텐데 읽다 → 읽어야 할 텐데
형용사	작다 → 작아야 할 텐데 좋다 → 좋아야 할 텐데	크다 → 커야 할 텐데 쉽다 → 쉬워야 할 텐데

가다 ⇒ _____

보다 ⇒ _____

쉬다 ⇒ _____

웃다 ⇒ _____

찍다 ⇒ _____

만나다 ⇒ _____

끝내다 ⇒ _____

쓰다 ⇒ _____

그치다 ⇒ _____

완성하다 ⇒ _____

말해 보세요

비가 많이 오네요   빨리 비가 그치다

감기가 낫지 않아요   빨리 감기가 낫다

리포트가 많아요   빨리 완성하다

곧 회의를 시작해요   빨리 도착하다

시험이 얼마 안 남았어요   꼭 합격하다

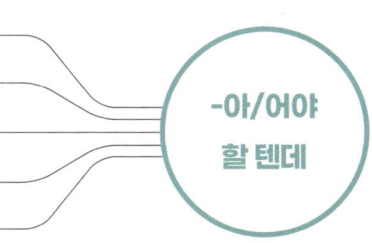

-아/어야 할 텐데

대답해 보세요

① 태풍이 온다고 해요. ⇒ _____ (피해가 없다)

② 지금 아이가 혼자 있어요? ⇒ _____ (울지 않다)

③ 언제 여행을 가요? ⇒ _____ (다음 주, 날씨가 좋다)

④ 시험 잘 봤어요? ⇒ _____ (취직하다)

연습해 보세요

루 루: 카밀라 씨가 ① 교통사고가 났대요.
지 은: 그런데 어쩌다가 그렇게 됐대요?
루 루: ② 횡단보도에서 넘어졌대요.
지 은: ③ 빨리 나아야 할 텐데 걱정이네요.
루 루: 그러게 말이에요. ④ 괜찮아야 할 텐데…

①	교통사고가 났다	고향에 갈 표가 없다	지갑을 잃어버리다	어머니가 편찮으시다
②	횡단보도에서 넘어지다	예매하기 전에 매진이 되다	버스에서 급하게 내리다	원래 지병이 있으시다
③	빨리 낫다	꼭 구하다	꼭 찾다	빨리 좋아지다
④	괜찮다	표를 사다	찾을 수 있다	회복되시다

들어 보세요

TRACK 15

1 롱 씨는 무슨 걱정이 있습니까? ( )

①  ②  ③

2 잘 듣고 O, X 하세요.

① 롱 씨는 쉬는 시간에도 열심히 공부한다.
② 롱은 이번 시험에 합격해서 대학교 입학 원서를 냈다.
③ 롱은 토픽시험이 쉬워서 점수가 잘 나왔다.

3 잘 듣고 빈칸에 쓰세요.

체 첵: 롱 씨, 쉬는 시간인데 뭐 해요?
롱   : 토픽 시험공부를 해야 돼요.
체 첵: 열심히 공부하네요.
롱   : 그게 아니라 이번 시험에는 꼭 합격해야 해요. 이번에는 대학교에 꼭 _____ 걱정이에요.

체　책: 입학 원서를 냈어요?
롱　　: 아직이요. 시험에 합격해야 _____ 걱정이에요.
체　책: 점수가 잘 나오려면 시험문제가 좀 _____.
롱　　: 네, 토픽 점수가 _____ 걱정이에요.

단어를 공부하세요

| 횡단보도 | 넘어지다 | 원래 | 꼭 | 급하게 | 매진되다 |

| 지병이 있다 | 아직 | 점수 | 남동쪽 | 영남 | 공업 |

| 발달하다 | 한반도 | 남쪽 |

한국 문화 배우기 [한국의 지리 ④ - 경상도와 제주도]

경상도는 한국의 남동쪽에 있다. 경상도를 영남지역이라고 부른다. 경상도의 동쪽에는 동해가 있다. 경상도는 공업이 발달한 지역이 많다.

경상남도에는 한국에서 제일 큰 항구 도시인 부산광역시가 있다. 그리고 부산의 위쪽에 공업 도시인 울산광역시가 있다. 경상남도청은 창원시에 있다.

경상북도에는 대구광역시가 있다. 그리고 역사적인 도시이고 관광도시로 유명한 경주가 있다. 경상북도청은 안동시에 있다.

제주도는 한반도 남쪽에 있는 큰 섬이다. 다른 도와 달리 제주도는 특별자치도이다. 제주도는 경치가 아름답고 한라산이 있어서 관광으로 유명하다. 제주도에는 제주시와 서귀포시가 있고 제주특별자치도청은 제주시에 있다.

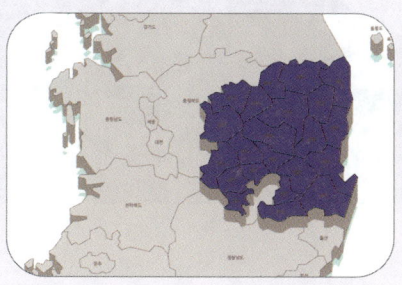
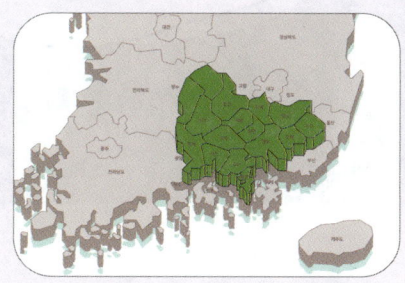
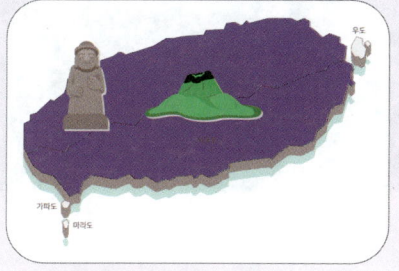

참 즐거운 **한국어**
CHAPTER 16

일이 힘든데도 불구하고 지원자가 많대요

CHAPTER 16

문법을 배우세요

A/V-은/는데도 불구하고

앞 문장의 상황에서 예상한 것과 다른 내용이 뒤 문장에 올 때 사용한다. 과거형으로 사용하고 뒤 문장에 가능성이 낮은 내용을 쓴다. 공식적인 상황이나 글을 쓸 때 주로 사용한다.

동사	받침 O : -는데도 불구하고 먹다 → 먹는데도 불구하고	받침 X : -는데도 불구하고 오다 → 오는데도 불구하고
동사	받침 O : -은데도 불구하고 작다 → 작은데도 불구하고	받침 X, 받침 ㄹ : -ㄴ데도 불구하고 크다 → 큰데도 불구하고
명사	받침 O : 인데도 불구하고 학생 → 학생인데도 불구하고	받침 X : 인데도 불구하고 의사 → 의사인데도 불구하고

읽다 ⇒ _____ 맵다 ⇒ _____

웃다 ⇒ _____ 시원하다 ⇒ _____

사다 ⇒ _____ 힘들다 ⇒ _____

만들다 ⇒ _____ 친구 ⇒ _____

말해 보세요

비가 오다 / 10년을 살았다 / 바쁘시다 / 날씨가 춥다 — **-은/는데도 불구하고** — 등산을 갔어요 / 아직 한국어를 잘 못 해요 / 참석해 주셔서 감사합니다 / 코트를 안 입었어요

대답해 보세요

① 힘들지만 끝까지 한 일이 있어요? ⇒ _____ (아르바이트를 하다)

② 비싸지만 사고 싶은 물건이 있어요? ⇒ _____ (휴대폰을 사고 싶다)

③ 좋아하지만 안 먹는 음식이 있어요? ⇒ _____ (복숭아, 알러지가 생겨서 못 먹다)

④ 만나고 싶지만 못 만나는 사람이 있어요? ⇒ _____ (부모님, 멀리 계시다)

연습해 보세요

프엉안: 오늘 히로 씨가 면접을 보러 가는 날이죠?
체 켁: 맞아요. 지금쯤 면접을 보고 있을 거예요.
프엉안: 그 회사는 경쟁률이 세다고 들었어요.
체 켁: ① 월급이 많아서 ② 일이 힘든데도 불구하고 지원자가 많대요.
프엉안: 히로 씨는 ③ 능력이 있으니까 합격할 거예요.
체 켁: 지난번에도 ③ 능력이 있는데도 불구하고 떨어졌거든요. 이번에는 꼭 합격하면 좋겠어요.

①	월급이 많다	복지가 좋다	대기업이다	해외에서 일하다
②	일이 힘들다	석사 학위가 필요하다	근무 시간이 길다	외국어 능력이 필요하다
③	능력이 있다	조건이 되다	스펙이 좋다	외국어를 잘 하다

들어 보세요

TRACK 16

1 남자는 지금 무엇을 하고 있어요? (   )

2 잘 듣고 O, X 하세요.

① 오늘은 날씨가 좋지 않다.
② 남자는 한국에서 대학교와 대학원에 다녔다.
③ 남자는 4개 언어를 잘 할 수 있다.

3 잘 듣고 빈칸에 쓰세요.

지 은: 다음 지원자분 들어오세요.
히 로: 안녕하십니까? 다카하시 히로입니다.
지 은: _____ 면접에 참석해 주셔서 감사합니다. 먼저 자기소개 부탁드립니다.

히　로: 안녕하십니까? 저는 다카하시 히로입니다. _____ 면접을 볼 수 있게 해 주셔서 감사드립니다. 저는 일본에서 대학교를 졸업한 후 한국에 와서 대학원을 다녔습니다. 외국에서 대학원을 _____ 2년 만에 학위를 땄습니다. 그것은 한국 사람과 비교해도 부족하지 않은 저의 한국어 실력 덕분입니다. 또한, 저는 영어와 중국어도 한국어처럼 능숙합니다. 감사합니다.

단어를 공부하세요

| 능력 | 복지 | 석사 학위 | 조건 | 대기업 |

| 근무 시간 | 스펙 | 지원자 | 학위를 따다 | 능숙하다 |

써 보세요

다음 내용을 넣고 '가장 기억에 남는 여행'을 제목으로 글을 써 보세요.

<가장 기억에 남는 여행>

1) 여러분은 어떤 여행이 가장 기억에 남습니까?
2) 그 여행은 언제 갔습니까?
3) 그 여행에서 무슨 일이 있었습니까?
4) 다음에 또 그런 여행을 하고 싶습니까?

CHAPTER 17
자주 가던 식당이 문을 닫아서 기분이 안 좋아

CHAPTER 17

문법을 배우세요

A/V-던 과거의 일이나 행동을 생각하면서 말할 때 사용한다.

	받침 O : -던	받침 X : -던
동사	먹다 → 먹던	오다 → 오던
형용사	작다 → 작던	크다 → 크던

읽다 ⇒ _____ 맵다 ⇒ _____

웃다 ⇒ _____ 많다 ⇒ _____

가다 ⇒ _____ 비싸다 ⇒ _____

사다 ⇒ _____ 힘들다 ⇒ _____

만들다 ⇒ _____ 시원하다 ⇒ _____

말해 보세요

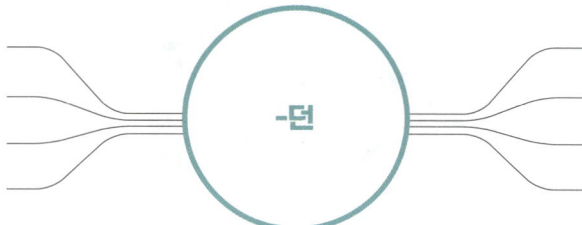

지난 주말에 보다
예전에 살다
작년에는 키가 작다
지난 달에는 덥다

-던

영화를 끝까지 볼 거예요
동네에 다시 가 보고 싶어요
아이가 많이 컸어요
날씨가 시원해졌어요

대답해 보세요

1. 예전에 자주 가던 식당이 어디예요? ⇒ _____ (식당이 없어지다)

2. 고향에서 자주 하던 일이 뭐예요? ⇒ _____ (자전거를 타는 것이다)

3. 예전과 달라진 친구가 있어요? ⇒ _____ (연락이 잘 안되다)

4. 지난주에 보던 드라마가 뭐예요? ⇒ _____ ('더 킹'이다)

자주 가던 식당이 문을 닫아서 기분이 안 좋아

연습해 보세요

프엉안 : 체첵, 여기 있던 ① 컵 못 봤어?
체　첵 : 아까 ② 씻었어. 왜?
프엉안 : 아, 내가 ③ 마시던 거였어.
체　첵 : 다 ③ 마신 것 아니었어? 미안해.
프엉안 : 괜찮아. 그런데 얼굴이 안 좋아. 무슨 일 있어?
체　첵 : 자주 ④ 가던 식당이 ⑤ 문을 닫아서 그래.
프엉안 : 그래? 내가 ④ 가는 식당을 소개해 줄게.

①	컵	책	사과	수건
②	씻다	정리하다	버리다	세탁하다
③	마시다	읽다	먹다	쓰다
④	가다 - 식당	보다 - 드라마	먹다 - 과자	사용하다 - 화장품
⑤	문을 닫다	끝나다	판매 중단되다	품절되다

들어 보세요

TRACK 17

1 여자의 친구가 그리워하는 것을 모두 고르세요. (　　)

① 　② 　③

2 잘 듣고 O, X 하세요.

① 여자와 친구는 어학원에서 같이 공부했다.
② 남자는 고향에 돌아가면 치킨과 맥주를 먹을 것이다.
③ 여자는 카페에서 아르바이트를 했다.

3 잘 듣고 빈칸에 쓰세요.

롱　　　 : 프엉안 씨, 뭐 해요?
프엉안 : 예전에 어학원에서 같이 _____ 친구가 이메일을 보냈어요.
롱　　　 : 그래요? 어떤 내용인데요?

80 | 참 즐거운 한국어 17과

프엉안: 고향에 돌아갔는데 한국이 그립대요. ____ 식당의 매운 떡볶이, 더운 여름에
        팥빙수, 같이 ____ 커피까지 생각난대요.
롱   : 맞아요. 저도 고향에 돌아가면 한국 생각이 날 것 같아요.
프엉안: 롱 씨는 뭐가 제일 생각날 것 같아요?
롱   : 제가 ____ 학교와 한강에서 ____ 치킨과 맥주가 생각날 것 같아요.
프엉안: 저는 ____ 카페와 ____ 김밥이 가장 생각날 것 같아요.

단어를 공부하세요

| 정리하다 | 끝나다 | 판매 중단 | 품절 |

더 배워 보세요

V-던 과거에 시작했지만 끝나지 않은 행동, 과거에 자주 한 행동을 말할 때

* 내가 먹던 사과가 없어졌어요
 : 과거에 사과를 먹고 있었는데 끝까지 먹지 않고 남겼을 때

* 예전에 자주 가던 식당이 없어졌어요
 : 과거에 그 식당에 자주 갔을 때

V-(으)ㄴ 과거에 끝난 행동을 말할 때

* 어제 먹은 사과가 맛있었어요.
 : 어제 사과를 먹었고 사과를 모두 먹었을 때

* 예전에 가 본 식당이에요.
 : 과거에 간 경험이 있을 때

CHAPTER 18
아무리 바빠도 밥은 먹어야 해요

CHAPTER 18

문법을 배우세요

아무리 A/V-아/어도   앞 문장의 내용을 강조해서 말할 때 사용한다.

동사	ㅏ, ㅗ : 아무리 -아도 가다 → 아무리 가도	ㅓ, ㅜ, ㅡ, ㅣ … : 아무리 -어도 먹다 → 아무리 먹어도	하다 : 아무리 -해도 일하다 → 아무리 일해도
형용사	작다 → 아무리 작아도	크다 → 아무리 커도	시원하다 → 아무리 시원해도

읽다 ⇒ _____ 맵다 ⇒ _____

웃다 ⇒ _____ 많다 ⇒ _____

가다 ⇒ _____ 비싸다 ⇒ _____

사다 ⇒ _____ 힘들다 ⇒ _____

만들다 ⇒ _____ 따뜻하다 ⇒ _____

말해 보세요

아무리 — 힘들다 / 좋다 / 비싸다 / 생각하다 / 찾다 / 먹고 싶다

-아/어도 — 일기는 매일 써요 / 그 사람은 아니에요 / 꼭 사고 싶어요 / 이해할 수 없어요 / 없어요 / 술은 드시면 안 돼요

대답해 보세요

1. 아무리 피곤해도 하는 일이 있어요? ⇒ _____ (화장을 지우고 자다)

2. 아무리 비싸도 사는 물건은 뭐예요? ⇒ _____ (우유는 좋은 걸 사다)

3. 아무리 먹어도 좋은 음식은 뭐예요? ⇒ _____ (채소이다)

4. 아무리 들어도 좋은 말은 뭐예요? ⇒ _____ (사랑한다는 말이다)

아무리 바빠도 밥은 먹어야 해요

연습해 보세요

지　은 : 마리 씨, 어디 아파요? 안색이 안 좋아요.
마　리 : 일 때문에 ① 바빠서 ② 밥도 못 먹었어요.
지　은 : ① 아무리 바빠도 ② 밥은 먹어야 해요.
　　　　 너무 ③ 힘든 것 같아요.
마　리 : ③ 아무리 힘들어도 오늘 일을 끝내고 싶어요.
지　은 : 제가 도와줄게요. ② 밥을 먹고 하세요.

①	바쁘다	시간이 없다	일이 많다	정신이 없다
②	밥을 먹다	잠을 자다	쉬다	물을 마시다
③	힘들다	무리하다	피곤하다	지치다

들어 보세요

TRACK 18

1 여자가 남자에게 바라는 것은 뭐예요? (　　)

① ② ③

2 잘 듣고 O, X 하세요.

① 남자는 지금 일을 하고 있어서 오래 이야기할 수 없다.
② 여자는 요즘 너무 바빠서 아이들과 같이 시간을 보낼 수 없다.
③ 남자는 프로젝트가 끝나서 이번 주말에는 시간이 있다.

3 잘 듣고 빈칸에 쓰세요.

루　루 : 여보, 시간 있으면 저랑 얘기 좀 해요.
폴　　 : 잠깐은 괜찮아요. 아직 일을 못 끝내서 오래 이야기할 수는 없어요.
루　루 : 요즘 당신이 너무 바빠서 애들하고 시간을 못 보냈잖아요. 　　　　　　 애들하고 같이 보내는 시간이 있었으면 좋겠어요.
폴　　 : 나도 애들과 같이 보내고 싶어요. 그런데 　　　　　　 힘드네요.

루 루: 　　　　　　　　　　　하루에 한 시간도 안 돼요?
　　　아침에는 애들 일어나기 전에 출근하고 퇴근해서도 일만 하잖아요.
폴　　: 이번 프로젝트만 끝나면 돼요. 주말에는 　　　　　　　　　　.
루 루: 후… 알겠어요. 애들한테 이야기해 둘게요. 애들이 많이 　　　　　　　　　　
폴　　: 고마워요. 애들한테 잘 말해 줘요. 주말에는 꼭 시간을 낼게요.

단어를 공부하세요

| 정신이 없다 | 지치다 | 여보 | 시간을 내다 | 프로젝트 | 서운해하다 |

| 민주주의 | 행정부 | 입법부 | 사법부 | 예산 | 기획재정부 |

| 국방부 | 외교부 | 국회 | 법원 |

한국 문화 배우기 [한국의 정치 ① - 한국의 정부 형태]

한국은 민주주의 국가이다. 그래서 한국의 정부는 행정부, 입법부, 사법부로 나누어져 있다. 세 곳의 정부 기관들이 국민을 대신해 국가의 일을 한다.

행정부는 국가에 필요한 일을 한다. 국가의 예산을 사용할 계획을 세우는 기획재정부, 나라를 지키는 군대와 관련된 일을 하는 국방부, 다른 나라와의 외교와 관계된 일을 하는 외교부 등이 모두 행정부에 속해 있다. 한국에서 행정부의 최고 책임자는 대통령이다.

입법부는 법을 만드는 일을 한다. 민주주의 국가에서 국가의 일은 법에 따라 처리하기 때문에 법을 만드는 일은 아주 중요하다. 한국의 입법부는 국회이다. 국민이 직접 뽑은 국회의원들이 모여서 법을 만든다. 사법부는 법을 잘 지켰는지 판단하는 일을 한다. 한국의 사법부는 법원이다. 법원에서 법에 따라 재판을 하고 판결을 내린다.

CHAPTER 19
게임은 하면 할수록 더 재미있어요

CHAPTER 19

문법을 배우세요

A/V-(으)면 A/V-(으)ㄹ수록 앞 문장의 상황이 더 심해지거나 행동이 반복될 때 뒤 문장의 결과도 같이 변할 때 사용한다.

	받침 O : -으면 -을수록	받침 X, 받침 ㄹ : -면 -ㄹ수록
동사	먹다 → 먹으면 먹을수록 읽다 → 읽으면 읽을수록	오다 → 오면 올수록 만들다 → 만들면 만들수록
형용사	작다 → 작으면 작을수록 좁다 → 좁으면 좁을수록	크다 → 크면 클수록 멀다 → 멀면 멀수록

읽다 ⇒ _____ 맵다 ⇒ _____

웃다 ⇒ _____ 많다 ⇒ _____

가다 ⇒ _____ 비싸다 ⇒ _____

사다 ⇒ _____ 힘들다 ⇒ _____

놀다 ⇒ _____ 시원하다 ⇒ _____

말해 보세요

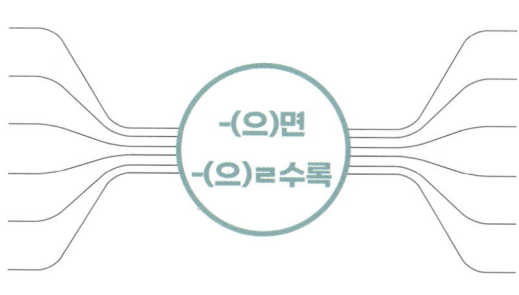

한국어는 배우다 / 웃다 / 그 사람과 이야기하다 / 역에서 멀다 / 집이 넓다 / 돈은 많다

-(으)면 -(으)ㄹ수록

재미있어요 / 기분이 좋아져요 / 서로를 더 잘 이해하게 돼요 / 집값이 싸요 / 청소하기 힘들어요 / 좋아요

대답해 보세요

① 한국어는 배우면 배울수록 어때요? ⇒ _____ (어렵다)

② 들으면 들을수록 좋은 말은 뭘까요? ⇒ _____ (사랑해)

③ 만나면 만날수록 좋아지는 사람은 누구예요? ⇒ _____ (친구)

④ 쓰면 쓸수록 작아지는 물건은 뭐예요? ⇒ _____ (지우개)

게임은 하면 할수록 더 재미있어요

연습해 보세요

체 책: 여보세요? 히로 씨, 지금 바빠요?
히 로: 아, 체첵 씨. 괜찮아요. ① 게임을 하는 중이었어요.
체 책: 또 ① 게임을 했어요? 그렇게 재미있어요?
히 로: ① 게임은 하면 할수록 재미있어요.
체 책: 그렇군요. 우리 주말에 ② 자전거를 타러 갈 거죠?
히 로: ② 자전거를 타는 건 너무 힘든데요.
체 책: ② 자전거는 타면 탈수록 ③ 잘 타게 될 거예요.

①	게임을 하다	영화를 보다	만화책을 읽다	트위터를 하다
②	자전거를 타다	테니스를 치다	수영을 하다	낚시를 하다
③	잘 타게 되다	실력이 늘다	능숙해지다	고기를 잘 잡다

들어 보세요

TRACK 19

1 남자는 일을 하다가 어려우면 어떻게 해야 해요? (   )

① 혼자 해결할 때까지 고민해야 해요.
② 회사 일은 고민을 많이 할수록 더 쉬워진다.
③ 남자의 선배들이 한 고민은 남자의 것과 다르다.

2 잘 듣고 O, X 하세요.

① 남자는 회사에서 일한 지 얼마 안 됐다.
② 회사 일은 고민을 많이 할수록 더 쉬워진다.
③ 남자의 선배들이 한 고민은 남자의 것과 다르다.

3 잘 듣고 빈칸에 쓰세요.

지 은: 히로 씨, 어때요? 일은 어렵지 않아요?
히 로: 아직은 잘 모르겠습니다.
지 은: 괜찮아요. 히로 씨가 회사에 입사한 게 2주밖에 안 됐잖아요.
       일은 _____ 익숙해질 거예요. 잘하고 있어요.
히 로: 감사합니다. 일에 대해서 _____ 더 어려워지는 것 같습니다.
지 은: 처음에는 다 그래요. 그래도 너무 어려우면 고민하지 말고 물어보세요.
       _____ 더 복잡해질 때도 있어요.

히 로: 알겠습니다. 고민하는 것보다 물어보는 게 더 낫다는 말씀이시죠?
지 은: 맞아요. 히로 씨의 선배들도 다 같은 고민을 했으니까요.
히 로: 네! 열심히 물어보겠습니다.

단어를 공부하세요

| 실력이 늘다 | 능숙하다 | 트위터 | 입사하다 | 익숙하다 |

| 고민하다 | 낫다 | 정치 | 참여하다 | 대표자 |

| 선거 | 투표하다 | 지역 |

한국 문화 배우기 [한국의 정치 ② - 한국의 선거 제도]

한국은 민주주의 국가이기 때문에 국민이 정치를 한다. 그러나 모든 국민이 정치에 참여할 수 없어서 국민의 대표자를 선거로 뽑는다. 한국에서는 만 19세 이상이 되면 누구나 선거에 참여할 수 있다. 그리고 누구나 똑같이 한 표씩 투표할 수 있다. 한국인들은 자신이 직접 투표하고 누구에게 투표했는지는 비밀로 한다. 이 네 가지는 한국의 선거에서 꼭 지켜지는 원칙이다.

한국에는 여러 선거가 있다. 먼저, 대통령 선거이다. 한국에서는 행정부의 최고 책임자인 대통령을 국민이 직접 뽑는다. 대통령 선거는 5년에 한 번 있다. 다음으로 국회에서 법을 만드는 국회의원을 뽑는 선거가 국회의원 선거이다. 국회의원 선거는 4년에 한 번 한다. 한국인들은 4년에 한 번 자기 지역을 대표할 국회의원을 선거로 뽑는다. 그 외에 도의 대표자인 도지사, 시의 대표자인 시장 등을 모두 선거로 뽑는다.

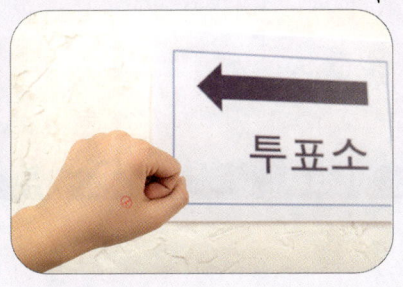

참 즐거운 **한국어**

CHAPTER

20 로또에 당첨된다면 차를 사고 싶어요

CHAPTER 20

문법을 배우세요

A/V-다면/는다면 — 앞 문장을 가정해서 말할 때 사용한다. 일반적인 일이 아닐 때나 반복되지 않는 상황에 사용한다.

동사	받침 O : -는다면 먹다 → 먹는다면 찾다 → 찾는다면	받침 X, 받침 ㄹ: -ㄴ다면 오다 → 온다면 만들다 → 만든다면
형용사	받침 O : -다면 작다 → 작다면	받침 X : -다면 크다 → 크다면
명사	받침 O : 이라면 학생 → 학생이라면	받침 X : 라면 의사 → 의사라면

읽다 ⇒ _____   맵다 ⇒ _____

웃다 ⇒ _____   많다 ⇒ _____

사다 ⇒ _____   힘들다 ⇒ _____

학생 ⇒ _____   시원하다 ⇒ _____

말해 보세요

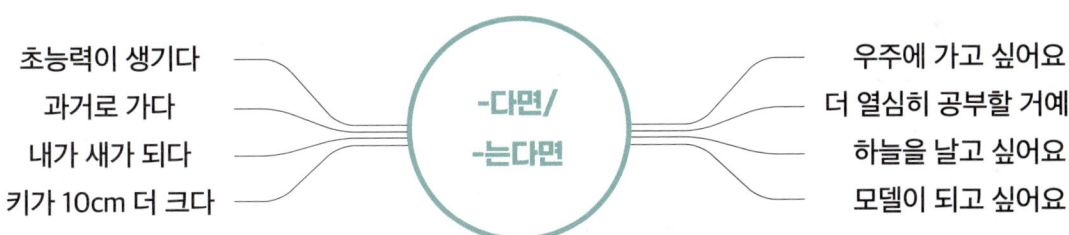

초능력이 생기다 — -다면/-는다면 — 우주에 가고 싶어요
과거로 가다 — 더 열심히 공부할 거예요
내가 새가 되다 — 하늘을 날고 싶어요
키가 10cm 더 크다 — 모델이 되고 싶어요

대답해 보세요

1. 로또에 당첨이 된다면 뭘 할 거예요? ⇒ _____ (여행을 갈 거다)
2. 과거로 간다면 언제로 가고 싶어요? ⇒ _____ (초등학생 때로 가고 싶다)
3. 원하는 사람이 될 수 있다면 누가 되고 싶어요? ⇒ _____ (대통령이 되고 싶다)
4. 돈이 많다면 뭘 하고 싶어요? ⇒ _____ (학교를 짓고 싶다)

로또에 당첨된다면 차를 사고 싶어요

연습해 보세요

민 재 : 만약 ① 로또에 당첨된다면 뭘 하고 싶어요?
지 은 : ① 로또에 당첨된다면 ② 차를 사고 싶어요.
       그리고 ② 차를 산다면 ③ 여행을 가고 싶어요.
민 재 : ① 로또에 당첨된다면 ④ 건물을 살 거예요.
       그러면 일을 안 해도 돈을 벌 수 있을 거예요.
지 은 : 그것도 좋은 생각이네요.

①	로또에 당첨되다	100억이 생기다	초능력이 생기다	과거로 갈 수 있다
②	차를 사다	집을 사다	하늘을 날다	가수가 되다
③	여행을 가다	바닷가에 살다	사람들을 돕다	유명해지다
④	건물을 사다	저금하다	금을 만들다	로또 번호를 외우다

들어 보세요

TRACK 20

1 제임스는 어제 뭘 했어요? (   )

①  ②  ③

2 잘 듣고 O, X 하세요.

① 남자는 초능력이 생겨서 무엇을 할지 고민하고 있다.
② 남자는 영화 속 영웅들을 좋아한다.
③ 여자는 순간 이동을 할 수 있다면 우주여행을 하고 싶어 한다.

3 잘 듣고 빈칸에 쓰세요.

제임스 : 누나! 누나는 초능력이 _____ 어떤 능력이 생기면 좋겠어?
소피아 : 초능력? 너 어제 본 영화 때문에 그렇지?
제임스 : 그건 아니야. 그래도 초능력이 _____ 뭘 할지 생각하면 재미있잖아.
        나는 초능력이 _____ 하늘을 날 수 있고 힘이 세지면 좋겠어.
소피아 : 하늘을 날 수 있고 힘이 세지면 영화처럼 지구를 구할 거야?

제임스 : 응! 내가 좋아하는 영화 속 주인공처럼 지구를 지키는 영웅이 될 거야.
소피아 : 음… 나는 초능력이 　　　　　　 순간 이동 능력을 가지고 싶어.
　　　　순간 이동을 할 수 　　　　　　 원하는 곳에 갈 수 있잖아.
제임스 : 에? 겨우 그거야?
소피아 : 그게 얼마나 멋진 일인데? 그래서 우주여행을 할 거야.
제임스 : 어? 우주여행? 멋있는데? 나도 순간 이동으로 할래!

단어를 공부하세요

기부하다	초능력	영웅	힘이 세다	지구	구하다
순간 이동	겨우	우주여행	정당	집회	시위
촛불	청와대	건의하다	청원		

한국 문화 배우기 [한국의 정치 ③ – 한국인들의 정치 참여]

한국인들은 민주주의 국가의 국민으로 정치에 적극적으로 참여한다. 한국인들이 정치에 참여하는 방법은 여러 가지가 있다. 투표는 모든 국가에서 정치에 참여하는 가장 기본적인 방법이면서 가장 쉬운 방법이다. 한국인들이 대통령이나 국회의원 선거 기간이 되면 자신이 원하는 후보나 자신이 원하는 정당에 투표한다. 이것을 통해 정치에 참여할 수 있다. 일부 국민들은 자신이 직접 후보로 나서서 정치에 참여하기도 한다. 집회나 시위를 통해 정치에 참여하는 방법도 있다. 집회나 시위는 비슷한 뜻을 가진 사람들이 모여 자신들의 의견을 주장하는 것이다.
인터넷을 통해 정치에 참여할 수도 있다. 인터넷에 자기의 의견을 글로 쓰거나 청와대나 정부 홈페이지에 직접 글을 써서 건의하기도 한다. 청와대 홈페이지에 청원을 올리면 몇십만 명의 사람들이 동의할 정도로 인터넷을 통한 정치 참여도 활발하다.

CHAPTER 21 집이 얼마나 아담하고 예쁜지 몰라요

CHAPTER 21

문법을 배우세요

얼마나 A/V-은/는지 모르다 — 어떤 상황이나 상태가 심하다는 것을 강조할 때 사용한다.

동사	받침 O : -는지 모르다	받침 X : -는지 모르다
	먹다 → 먹는지 모르다	오다 → 오는지 모르다

형용사	받침 O : -은지 모르다	받침 X, 받침 ㄹ : -ㄴ지 모르다
	작다 → 작은지 모르다 아름답다 → 아름다운지 모른다	크다 → 큰지 모르다 멀다 → 먼지 모르다

싸다 ⇒ _____ 공부하다 ⇒ _____

춥다 ⇒ _____ 먹다 ⇒ _____

어렵다 ⇒ _____ 시끄럽다 ⇒ _____

시원하다 ⇒ _____ 맛있다 ⇒ _____

복잡하다 ⇒ _____ 재미있다 ⇒ _____

말해 보세요

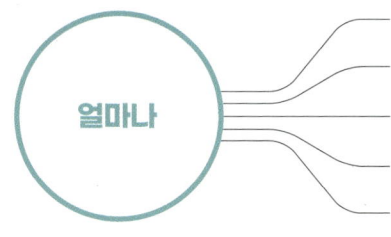 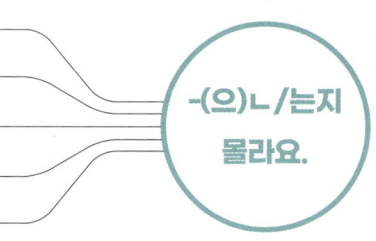

얼마나 — 드라마가 재미있다 / 눈이 나쁘다 / 날씨가 춥다 / 비싸다 / 무섭다 — -(으)ㄴ/는지 몰라요.

대답해 보세요

1. 창문을 왜 닫아요? ⇒ _____ (춥다)

2. 가방이 마음에 들어요? ⇒ _____ (이 상표가 유명하다)

3. 커피를 마셔요? ⇒ _____ (졸리다)

4. 장학금을 받았어요? ⇒ 네, _____ (기분이 좋다)

연습해 보세요

루 이 : 마리 씨, 뭐 해요?
마 리 : 저녁에 ① 볼 ② 영화를 고르고 있어요.
루 이 : ② 어떤 영화를 좋아해요?
마 리 : 저는 ③ 로맨틱 코미디 영화를 좋아해요.
　　　　 ④ 얼마나 재미있는지 몰라요.
루 이 : 그럼 같이 ① 봐도 돼요?
마 리 : 그럼요, 이따가 같이 가요.

①	보다	먹다	하다	보다
②	영화	음식	운동	드라마
③	로맨틱 코미디	매운 음식	유산소 운동	역사 드라마
④	재미있다	맛있다	상쾌하다	감동적이다

들어 보세요

TRACK 21

1 지은 씨는 어디에 다녀오는 길입니까? (　　　)

2 잘 듣고 O, X 하세요.

① 지은 씨는 친구의 집들이 선물로 커피를 사 갔다.
② 친구의 집은 크고 넓었다.
③ 지은 씨는 친구를 만나서 아주 반가웠다.

3 잘 듣고 빈칸에 쓰세요.

루　루 : 지은 씨, 어디에 다녀와요?
지　은 : 네, 친구 집들이에 다녀오는 길이에요. 친구가 이사 간 집이 얼마나 ＿＿＿＿＿＿＿＿.
루　루 : 집들이 선물은 뭘 사 갔어요?

지　은: 친구가 커피를 좋아해서 커피 머신을 사 갔어요. 그 친구는 커피를 얼마나 _____.
루　루: 오랜만에 친구를 만나서 좋았겠어요.
지　은: 네, 다들 얼마나 _____. 그래서 얼마나 _____.

단어를 공부하세요

| 유산소 운동 | 상쾌하다 | 로맨틱 코미디 | 감동적이다 | 아담하다 | 커피 머신 |

| 반갑다 | 즐겁다 |

써 보세요

여러분 나라의 중요한 기념일을 소개해 보세요.

<우리나라의 기념일>
1) 여러분 나라의 기념일은 무엇을 기념하는 날입니까?
2) 그날 사람들은 무엇을 합니까?
3) 그날 사람들은 무슨 음식을 먹습니까?
4) 기념일을 위해서 사람들은 무엇을 준비합니까?

참 즐거운 **한국어**

CHAPTER

22 날마다 한국 뉴스를 들었더니 듣기가 쉬워졌어요

롱 씨, 시험을 잘 봤어요?

날마다 한국 뉴스를 들었더니 듣기가 쉬워졌어요.

CHAPTER 22

문법을 배우세요

V-았/었더니   어떤 행동을 한 후에 그 결과로 인해 다른 상황이 발생했을 때 사용하는 표현이다.

동사	ㅏ, ㅗ : -았더니	ㅓ, ㅜ, ㅡ, ㅣ… : -었더니	하다 : -했더니
	사다 → 샀더니 오다 → 왔더니	먹다 → 먹었더니 읽다 → 읽었더니	청소하다 → 청소했더니 일하다 → 일했더니

가다 ⇒ _____   먹다 ⇒ _____

사다 ⇒ _____   하다 ⇒ _____

마시다 ⇒ _____   듣다 ⇒ _____

예매하다 ⇒ _____   가져오다 ⇒ _____

준비하다 ⇒ _____   야근하다 ⇒ _____

말해 보세요

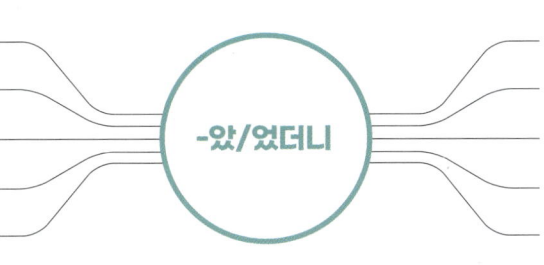

날마다 야식을 먹다 — 배가 나왔어요
커피를 많이 마시다 — 잠이 안 와요
야근을 하다 — -았/었더니 — 얼마나 피곤한지 몰라요
커피를 마시다 — 안 졸리네요
열심히 공부하다 — 점수가 잘 나왔어요

대답해 보세요

1 얼굴이 안 좋아 보여요. ⇒ _____ (밤을 새우다)

2 배에서 소리가 나네요. ⇒ _____ (아침을 안 먹다)

3 히로 씨, 어디 아파요? ⇒ _____ (새 구두를 신다)

4 감기는 좀 어때요? ⇒ _____ (약을 먹다)

날마다 한국 뉴스를 들었더니 듣기가 쉬워졌어요

연습해 보세요

마 리: 루이 씨, ① 살이 빠졌네요. 어떻게 했어요?
루 이: 제가 ② 날마다 30분씩 체조를 했더니 ① 살이 빠졌어요.
마 리: 정말 잘됐네요.
 저는 날마다 ③ 야식을 먹었더니 ④ 살이 쪘어요.
루 이: 이런, ② 날마다 30분씩 체조를 하세요.
마 리: 정말 그래야겠어요.

①	살이 빠지다	피부가 좋아지다	안색이 좋다	건강해지다
②	날마다 30분씩 체조를 하다	잠을 푹 자다	술을 끊다	매일 만 보씩 걷다
③	야식을 먹다	늦게 자다	맥주를 마시다	매일 야근하다
④	살이 찌다	피부가 나빠지다	안색이 나쁘다	몸이 약해지다

들어 보세요

TRACK 22

1 루이는 어제 무엇을 했습니까? ( )

2 잘 듣고 O, X 하세요.

① 루이는 어제 조금밖에 못 잤다.
② 지은은 감기약을 먹고 일찍 잤다.
③ 루이는 집에서 푹 쉬어서 지금 컨디션이 좋다.

3 잘 듣고 빈칸에 쓰세요.

지 은: 루이 씨, 피곤해 보여요.
루 이: 네, 어제 _____ 피곤하네요.
지 은: 전혀 못 잤어요?
루 이: 새벽에 잠깐 잤는데 조금밖에 _____ 더 피곤한 거 같아요.
 지은 씨, 감기는 좀 어때요?

지 은: 약을 먹고 _____ 좀 좋아진 거 같아요.
루 이: 다행이네요.
지 은: 루이 씨도 좀 쉬세요. 피곤할 때는 쉬는 게 가장 좋은 거 같아요.
저도 지난번에 야근하고 _____ 컨디션이 금방 좋아졌어요.

🏛 단어를 공부하세요

| 금방 | 컨디션이 좋아지다 | 야근하다 | 맨손 체조 | 만보 |

| 피부가 좋다 | 저금하다 |

💰 더 배워 보세요

V-았/었더니

어떤 행동을 한 결과 다른 상황이 발생했을 때 사용한다.

* 내가 열심히 공부했더니 부모님이 칭찬해 주셨어요.
  : 앞 문장 주어가 1인칭인 경우가 많다.

* 내가 소리를 질렀더니 동생이 울었어요.
  : 앞 문장과 뒤 문장 주어가 다르다.

* 오늘 종일 게임을 했더니 눈이 아파요.
  : 과거에 행동한 것의 결과를 말할 때 사용한다.

V-더니

과거에 다른 사람을 관찰한 것에 대한 결과나 과거에 관찰한 내용이 지금과 다른 것을 말할 때 사용한다.

* 동생이 열심히 공부하더니 대학교에 합격했어요.
  : 앞 문장 주어가 2, 3인칭 경우가 많다.

* 동생이 소리를 지르더니 (동생이) 울었어요.
  : 앞 문장과 뒤 문장 주어가 같다.

* 동생이 열심히 운동하더니 건강해졌어요.
  : 과거에 다른 사람을 관찰한 것의 결과를 말할 때 사용한다.

* 동생이 어제는 기침을 하더니 오늘은 회복했어요.
  : 과거에 관찰한 내용이 지금과 다른 것을 말할 때 사용한다.

CHAPTER 23 지각할까 봐 뛰어왔어요

CHAPTER 23

문법을 배우세요

A/V-을까 봐 — 바라지 않는 상황이나 행동이 발생할 것을 미리 걱정할 때 사용하는 표현이다.

	받침 O : -을까 봐	받침 X : -ㄹ까 봐
동사	먹다 → 먹을까 봐 읽다 → 읽을까 봐	오다 → 올까 봐 막히다 → 막힐까 봐
형용사	적다 → 적을까 봐 힘들다 → 힘들까 봐	비싸다 → 비쌀까 봐 부족하다 → 부족할까 봐

말하다 ⇒ _____
빌리다 ⇒ _____
쓰다 ⇒ _____
보다 ⇒ _____
물어보다 ⇒ _____

비싸다 ⇒ _____
맛없다 ⇒ _____
재미없다 ⇒ _____
심심하다 ⇒ _____
어렵다 ⇒ _____

말해 보세요

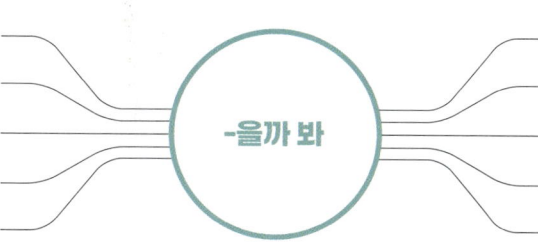

비가 오다 — 우산을 가져왔어요
길이 미끄럽다 — 운동화를 신었어요
길이 복잡하다 — -을까 봐 — 일찍 출발했어요
지하철에 사람이 많다 — 택시를 탔어요
음식이 부족하다 — 더 사왔어요

대답해 보세요

1. 일찍 도착했네요? ⇒ _____ (길이 막히다)
2. 에어컨을 켜 놓았어요? ⇒ _____ (교실이 덥다)
3. 김밥을 싸 왔어요? ⇒ _____ (배고프다)
4. 왜 이렇게 땀을 흘려요? ⇒ _____ (지각하다/뛰어 오다)

연습해 보세요

프엉안 : 롱 씨, 왜 이렇게 ① 땀을 흘려요?
롱 : 휴, ② 지각할까 봐 ③ 뛰어 왔어요.
프엉안 : ④ 선생님한테 혼날까 봐 ③ 뛰어 왔어요?
롱 : 네, 맞아요.
규칙적인 생활을 하는 게 너무 어려워요.
프엉안 : 그럼 천천히 생활 패턴을 바꿔보세요.
점점 좋아질 거예요.

①	땀을 흘리다	숨을 몰아쉬다	바쁘다	피곤해하다
②	지각하다	수업에 늦다	숙제를 걷었다	학교에 못 오다
③	뛰어 오다	자전거를 타고 오다	걱정하다	밤을 새우다
④	선생님한테 혼나다	선생님이 화를 내다	과제 점수를 못 받다	결석하다

들어 보세요

TRACK 23

1 이 사람들은 지금 어디에 갑니까? ( )

2 잘 듣고 O, X 하세요.

① 카밀라는 늦잠을 자서 지각했다.
② 롱은 산 정상에서 커피를 마실 것이다.
③ 프엉안 씨는 새 등산화를 준비했다.

3 잘 듣고 빈칸에 쓰세요.

프엉안 : 카밀라 씨, 여기예요.
카밀라 : 네, _____ 일찍 나섰는데도 제가 제일 늦었네요?
롱 : 아니에요. 아직 약속 시간 남았어요. 그런데 가방이 왜 그렇게 커요?
카밀라 : 아, _____ 두꺼운 옷을 넣었더니 가방이 커졌어요.

롱 : 저는 _____ 간식을 많이 넣었어요. 산 정상에서 먹으려고요.
프엉안 : 저는 운동화를 신으면 _____ 등산화를 새로 샀어요.
롱 : 잘했어요. 자, 그럼 출발할까요?

단어를 공부하세요

일찍 나서다	산 정상	미끄럽다	간식	과제 점수	땀을 흘리다
뛰어오다	생활패턴	결석하다	점점	규칙적	등산화
교육 기관	초등학교	어린이집	유치원	돌봐 주다	운영하다
만 N세					

한국 문화 배우기 [한국의 교육 ① - 어린이집과 유치원]

한국에는 나이에 따라 교육받는 여러 교육 기관이 있다.
아이가 태어난 후 초등학교에 다니기 전에는 어린이집과 유치원에 다닌다. 어린이집은 초등학교에 입학하기 전의 아이들을 돌봐 주는 곳이다. 어린이집의 종류는 국가에서 운영하는 국·공립 어린이집과 일반 사람들이 운영하는 사립 어린이집, 회사에서 운영하는 직장 어린이집이 있다.
유치원은 만 3세부터 초등학교 입학하기 전까지 어린이들을 교육하는 곳이다. 유치원도 국·공립 유치원과 사립 유치원이 있다. 국·공립 유치원은 교육비가 저렴하지만 유치원의 수가 많지 않아서 사립 유치원에 아이를 보내는 경우가 많다.

CHAPTER 24
눈병에 걸리지 않도록 조심하세요

요즘 눈병이 유행이에요.

눈병에 걸리지 않도록 조심하세요.

CHAPTER 24

🏛 문법을 배우세요

V-도록 뒤 문장의 행동의 목적이나 이유를 말할 때 사용한다.

동사	받침 O : -도록	받침 X : -도록
	먹다 → 먹도록 읽다 → 읽도록	자다 → 자도록 쉬다 → 쉬도록

찍다 ⇒ _____   쉬다 ⇒ _____

듣다 ⇒ _____   공부하다 ⇒ _____

입다 ⇒ _____   배우다 ⇒ _____

만들다 ⇒ _____   사다 ⇒ _____

운동하다 ⇒ _____   말하다 ⇒ _____

🪭 말해 보세요

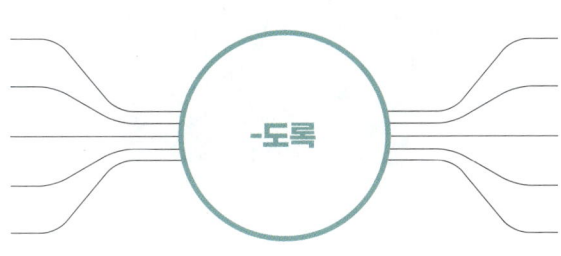

아기가 잘 자다 — 조용히 해 주세요
잘 읽을 수 있다 — 글씨를 크게 써 주세요
우리 팀이 이기다 — -도록 — 응원해 주세요
집중해서 공부하다 — 텔레비전을 꺼 주세요
시험을 잘 보다 — 기도해 주세요

대답해 보세요

1. 손을 씻으세요? ⇒ 네, _____ (감기에 걸리지 않다)

2. 음식을 어떻게 요리할까요? ⇒ _____ (아이가 먹다)

3. 음식 준비를 어떻게 할까요? ⇒ _____ (음식이 모자라지 않다)

4. 선생님, 이 문제를 잘 모르겠어요. ⇒ 네, _____ (이해할 수 있다)

눈병에 걸리지 않도록 조심하세요

연습해 보세요

체 첵: ① 다음 주가 시험이에요.
② 재시험을 보지 않도록 ③ 시험을 잘 봐야 할 텐데…
히 로: 걱정하지 마세요.
체 첵: 히로 씨는 어때요? 대학원 공부가 힘들지요?
히 로: 힘들기는 하지만 ④ 졸업할 수 있도록 열심히 해야지요.
체 첵: 히로 씨는 성실해서 문제없을 거예요.

①	다음 주가 시험이다	요즘 눈병이 유행이다	벌써 겨울이다	벌써 11시이다
②	재시험을 보지 않다	눈병에 걸리지 않다	감기에 걸리지 않다	내일 시험을 잘 보다
③	시험을 잘보다	조심하다	옷을 따뜻하게 입다	단어를 외우다
④	졸업하다	논문을 쓰다	논문이 통과되다	유급하지 않다

들어 보세요

TRACK 24

1 지은 씨는 무슨 요리를 하려고 합니까? ( )

①  ②  ③

2 잘 듣고 O, X 하세요.

① 지은 씨는 떡볶이를 맵지 않게 만들 것이다.
② 떡볶이에 치즈하고 채소도 넣을 것이다.
③ 지은 씨는 요리하는 모습을 사진으로 찍을 것이다.

3 잘 듣고 빈칸에 쓰세요.

루 루: 지은 씨, 마트에 다녀오세요?
지 은: 네, 루루 씨. 혹시 집에 아이들이 있어요? 떡볶이를 만들려고 해요.
아이들이 _____ 안 맵게 만들게요. 같이 먹어요.
루 루: 고마워요. 아이들이 _____ 치즈도 넣을까요?

지 은: 좋아요, 제임스가 　　　　　　　 채소도 많이 넣어야겠어요.
루 루: 그리고 요리하는 모습을 동영상으로 찍을까요?
지 은: 동영상을 　　　　　　　 도와주세요.
루 루: 네, 알겠어요.

단어를 공부하세요

| 동영상을 찍다 | 재시험에 걸리다 | 유행이다 | 눈병 | 성실하다 |

| 유급하다 | 어른 | 의무 교육 | 등록금 | 일반 |

| 특수 목적 | 예술 | 체육 | 특별하다 |

한국 문화 배우기 [한국의 교육 ② - 초등학교와 중학교]

초등학교는 아이들이 처음으로 다니는 학교이다. 한국에서는 만 6세부터 초등학교에 입학할 수 있다. 한국에서는 초등학교에 6년 동안 다닌다. 매년 3월에 아이들은 학교에 입학한다. 초등학교는 국·공립초등학교와 사립초등학교가 있다. 대부분의 아이들은 집에서 가까운 국·공립초등학교에 간다. 사립초등학교는 원하는 아이들만 다니는데 수가 많지 않다. 초등학교 교육은 의무 교육이기 때문에 국·공립초등학교에 다니면 등록금이 없다. 하지만 사립초등학교에 다니려면 등록금을 내야 한다.
중학교는 초등학교를 졸업하면 가는 곳이다. 한국에서는 중학교까지 의무 교육으로 중학교는 3년 동안 다닌다. 중학교는 일반 중학교와 특수 목적 중학교가 있다. 일반 중학교는 공부를 목적으로 하는 곳으로 보통 집에서 가까운 곳에 다닌다. 특수 목적 중학교는 예술 중학교나 체육 중학교 등 특별한 교육을 받을 수 있는 중학교이다.

CHAPTER 25
날씨가 좋아야 산에 갈 수 있어요

CHAPTER 25

문법을 배우세요

A/V-아/어야   앞 문장이 뒷 문장의 상황이 이루어지는 데 꼭 필요한 조건일 때 사용하는 표현이다.

	ㅏ, ㅗ : -아야	ㅓ, ㅜ, ㅡ, ㅣ… : -어야
동사	사다 → 사야 오다 → 와야	먹다 → 먹어야 읽다 → 읽어야
형용사	작다 → 작아야 좋다 → 좋아야	크다 → 커야 쉽다 → 쉬워야

가다 ⇒ _____ 만나다 ⇒ _____

보다 ⇒ _____ 끝내다 ⇒ _____

쉬다 ⇒ _____ 크다 ⇒ _____

웃다 ⇒ _____ 많다 ⇒ _____

찍다 ⇒ _____ 맑다 ⇒ _____

말해 보세요

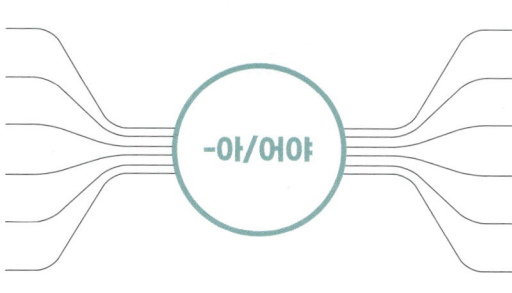

날씨가 좋다 — 산에 가요
키가 크다 — 농구를 잘 해요
한국어를 잘하다 — 한국회사에 취직해요
연습을 많이 하다 — -아/어야 — 발음이 좋아져요
열심히 공부하다 — 시험에 합격해요
서두르다 — 제 시간에 도착해요

대답해 보세요

1. 언제 졸업할 수 있어요? ⇒ _____ (논문을 제출하다)

2. 언제 아이스크림을 먹을 수 있어요? ⇒ _____ (목감기가 다 낫다)

3. 할인을 받으려면 어떻게 해야 돼요? ⇒ _____ (회원 가입을 하다)

4. 두 시 기차를 탈 수 있을까요? ⇒ _____ (서두르다)

연습해 보세요

루 이 : 마리 씨, ① 등산 좋아하세요?
마 리 : 네, 좋아해요.
루 이 : 그럼 주말에 같이 ② 등산 갈까요?
마 리 : 네, 좋아요.
　　　　그런데 ③ 날씨가 좋아야 ④ 산에 갈 텐데…
루 이 : 그럼 일기 예보를 찾아볼까요?
마 리 : 네 좋아요.

①	등산	자전거	스키	수영
②	등산가다	자전거 타다	스키타러 가다	바다에 가다
③	날씨가 좋다	바람이 안 불다	눈이 오다	비가 오지 않다
④	산에 가다	자전거를 타다	더 재미있다	수영하다

들어 보세요

TRACK 25

1 롱 씨는 앞으로 무슨 계획이 있습니까? (　　　)

2 잘 듣고 O, X 하세요.

① 롱 씨는 한국 사람을 만나기가 어렵다.
② 카밀라 씨는 롱 씨에게 한국 뉴스를 날마다 들으라고 했다.
③ 롱 씨는 토픽시험에서 불합격했다.

3 잘 듣고 빈칸에 쓰세요.

카밀라 : 롱 씨, 토픽시험은 어떻게 됐어요?
롱　　 : 아직 발표가 안 났어요.
카밀라 : ＿＿＿＿＿＿＿＿ 대학교에 입학할 수 있지요?
롱　　 : 네, ＿＿＿＿＿＿＿＿ 좋은 점수를 받는데 듣기가 어려워요. 어떻게 듣기를 잘할 수 있을까요?

카밀라 : 한국 사람하고 _____ 듣기 실력이 좋아져요.
롱   : 하지만 한국 사람 만나기가 어려워요.
카밀라 : 그럼 한국 뉴스를 들으세요. 날마다 꾸준히 _____ 실력이 늘어요.
롱   : 네, 알겠어요.

단어를 공부하세요

서두르다	제 시간	꾸준히	발표가 나다	논문	제출하다
회원 가입	발음	고등학교	특수 분야	특성화	산업 분야
직업 전문교육	비율	수능 시험	뜻	엿	찹쌀떡

한국 문화 배우기 [한국의 교육 ③ - 고등학교와 대학 입시]

한국의 고등학교는 3년 과정으로 중학교를 졸업하고 가는 곳이다. 한국에는 여러 종류의 고등학교가 있다. 일반 고등학교, 특수 목적 고등학교, 특성화 고등학교 등이 있다. 일반 고등학교는 일반적인 교육을 받을 수 있다. 대학에 진학하는 학생들이 많다. 특수 목적 고등학교는 과학, 외국어, 예술, 체육 등 특수 분야의 교육을 목적으로 하는 학교이다. 특성화 고등학교는 기계, 자동차, 요리 등 특수 산업 분야의 교육을 받는다. 마이스터(Meister) 고등학교라고 부른다. 취업을 목적으로 하는 학생이 많다. 한국은 대학교에 진학하는 비율이 아주 높다. 그래서 좋은 대학교에 진학하려면 아주 열심히 공부해야 한다. 수능시험(대학수학능력시험) 점수로 대학교에 진학하기 때문에 이 시험은 한국에서 아주 중요한 시험이다. 한국에서는 수능 시험을 보는 학생들에게 시험을 잘 보라는 뜻으로 엿이나 찹쌀떡, 포크 등을 선물한다.

참 즐거운 **한국어**

CHAPTER 26

연락해 보나 마나 바쁘다고 할 거야

CHAPTER 26

문법을 배우세요

V-(으)나 마나

앞 문장의 행동을 하거나 하지 않거나 결과가 같을 때 사용한다. '-아/어 보나 마나'의 형태도 많이 사용한다.

동사

받침 O : -으나 마나
- 먹다 → 먹으나 마나
- 듣다 → 들으나 마나

받침 X, 받침 ㄹ: -나 마나
- 배우다 → 배우나 마나
- 만들다 → 만드나 마나

가다 ⇒	_____	뛰다 ⇒	_____
만들다 ⇒	_____	웃다 ⇒	_____
앉다 ⇒	_____	사다 ⇒	_____
다니다 ⇒	_____	청소하다 ⇒	_____
입다 ⇒	_____	이야기하다 ⇒	_____

말해 보세요

비가 너무 많이 와서 우산을 쓰다 ——— -(으)나 마나 ——— 젖을 거예요
아빠는 너무 바쁘니까 이야기하다 ——— ——— 못 오실 거야

내일 시험이니까 지금 공부하다 ——— -(으)나 마나예요
1시간 자는 건 자다 ———

'-(으)나 마나'를 사용해 알맞은 문장을 만들어 보세요

① 어머니의 음식은 먹어 보다 · · 추울 거예요

② 그 작가의 책은 읽어 보다 · · 깨끗해지지 않을 거예요

③ 그 이불은 너무 얇아서 덮다 · · 맛있을 거예요

④ 옷이 너무 더러워서 빨다 · · 재미있을 거예요

연락해 보나 마나 바쁘다고 할 거야

연습해 보세요

체 첵 : 내일 내 생일인데 우리 같이 저녁 먹을까?
카밀라 : 좋아. 그런데 너 히로 씨랑 데이트 안 해?
체 첵 : 요즘 히로 씨가 너무 바빠서 못 만날 거야.
카밀라 : 그래도 ① 연락해 보지 그래?
체 첵 : ① 연락해 보나 마나 ② 바쁘다고 할 거야.
카밀라 : 그렇구나. 그래도 생일인데 서운하겠다.
체 첵 : 에휴… 바쁜 남자 친구는 ③ 있으나 마나야.

①	연락해 보다	전화하다	이야기하다	말해 보다
②	바쁘다	못 만나다	시간이 없다	안 되다
③	있다	사귀다	만나다	연애하다

들어 보세요

TRACK 26

1 남자가 파티에 가져갈 것을 모두 고르세요. (　　　)

① 　　　　　　　　　② 　　　　　　　　　③

2 잘 듣고 O, X 하세요.

① 여자는 자기 생일 파티에 초대하려고 남자에게 연락했다.
② 남자는 요즘 너무 바빠서 여자 친구의 생일을 잊어버렸다.
③ 남자는 여자친구의 생일에 연락을 안 해도 된다고 생각한다.

3 잘 듣고 빈칸에 쓰세요.

히 로 : 여보세요. 카밀라 씨, 오랜만이에요.
카밀라 : 네, 히로 씨, 오랜만이에요. 제가 갑자기 전화해서 놀라셨죠?
히 로 : 조금 놀랐어요. 무슨 급한 일이 있어요?
카밀라 : 다른 게 아니고… 오늘 체첵의 생일이어서 파티를 할 거예요.
　　　　체첵은 　　　　　　　　　 히로 씨가 바쁠 거라고 했는데…

히　　로 : 네? 오늘이 체첵 씨 생일이에요? 제가 너무 바빠서 _____.
카밀라 : 체첵도 그래서 연락하지 말라고 했어요. 그래도 _____.
히　　로 : 생일인데 연락 안 하면 _____ 서운하죠. 고마워요. 카밀라 씨.
카밀라 : 아니에요. 오늘 저녁에 7시까지 집으로 오실래요? 음식은 준비했어요.
히　　로 : 당연히 _____ 가야죠. 꽃과 케이크는 제가 준비할게요.

단어를 공부하세요

| 이불 | 덮다 | 연애하다 | 당연히 |

써 보세요

다음 이메일에 답장을 써 보세요.

From.　"엥흐 체첵" <chechek@monggol.com>
To.　"히로" <hiro@japan.net>
subject.　요즘 많이 바쁘지요?

히로 씨, 요즘 학교 일 때문에 많이 바쁘지요?
하지만 아무리 바빠도 우리 기념일은 잊지 않았으면 좋겠어요.
얼마 전 내 생일에도 히로 씨가 챙겨주지 않아서 너무 섭섭했어요.
물론 바쁜 건 알지만 그래도 섭섭한 마음에 이메일을 보내요.
바쁘더라도 식사는 꼭 챙겨 드세요~
체첵.

CHAPTER 27

문법을 배우세요

A/V-았/었던 — 과거에 끝난 일을 다시 생각해서 말할 때 사용한다.

동사	ㅏ,ㅗ : -았던 가다 → 갔던	ㅓ,ㅜ,ㅡ,ㅣ… : -었던 먹다 → 먹었던	V-하다 : -했던 일하다 → 일했던
형용사	좁다 → 좁았던	크다 → 컸던	시원하다 → 시원했던
명사	받침 O : 이었던 학생 → 학생이었던		받침 X : 였던 의사 → 의사였던

읽다 ⇒ _____   맵다 ⇒ _____

사다 ⇒ _____   많다 ⇒ _____

만들다 ⇒ _____   힘들다 ⇒ _____

애인 ⇒ _____   따뜻하다 ⇒ _____

말해 보세요

어렸을 때 다니다   학교예요.
작년에는 작다   -았/었던   아이가 많이 컸어요.
친구의 애인이다 이었/였던 사람이에요.
중학교 때 맛있게 먹다   분식집이에요.

대답해 보세요

① 한국에서 처음 살았던 곳이 어디예요?   ⇒ _____ (학교 앞)

② 한국에서 처음 먹었던 음식이 뭐예요?   ⇒ _____ (불고기)

③ 작년에 갔던 곳 중에서 가장 기억에 남는 곳은 어디예요? ⇒ _____ (경복궁)

④ 어릴 때 친했던 친구는 어떤 사람이었어요? ⇒ _____ (책을 좋아하던 친구)

연습해 보세요

카밀라 : 프엉안, 뭐하고 있어?
프엉안 : 예전에 찍었던 사진을 정리하고 있어.
카밀라 : 와! 이 사람은 누구야? 너무 ① 예쁘다.
프엉안 : 예전에 ② 친했던 ③ 친구야.
카밀라 : 여기는 어디야? 경치가 정말 아름다워.
프엉안 : 내가 고향에서 ④ 살았던 도시야.

①	예쁘다	멋있다	잘 생겼다	귀엽다
②	친하다	사귀다	배우다	알다
③	친구	남자친구	선생님	동생
④	살다 - 도시	여행가다 - 곳	다니다 - 학교	놀러가다 - 관광지

들어 보세요

TRACK 27

1 남자가 이직을 고민하는 이유는 뭐예요? (　　)

① 처음 하는 업무를 맡아야 해서 어려울 것 같아요.
② 새로운 곳에서 적응하는 것이 힘들 것 같아요.
③ 예전 여자 친구를 만나야 해서 불편할 것 같아요.

2 잘 듣고 O, X 하세요.

① 남자는 여자 친구와 싸워서 고민하고 있다.
② 여자는 남자의 고민을 다른 사람에게 상담할 것이다.
③ 남자는 이직할 경우 지금보다 수입이 더 많아질 것이다.

3 잘 듣고 빈칸에 쓰세요.

마　리 : 루이 씨, 상담하고 싶은 게 뭐예요?
루　이 : 음… 일단 지금 제가 하는 이야기는 비밀로 해 주세요.
마　리 : 알겠어요. 다른 사람에게 말 안 할게요.
루　이 : 예전에 제가 _____ 회사에서 다시 일하면 좋겠다고 연락이 왔어요.
마　리 : 오! 스카우트 제의예요? 하긴 루이 씨는 능력이 있으니까요.

루 이 : 예전에 _____ 곳이니까 적응하기도 쉽고, 일도 제가 _____ 업무를 그대로 하면 되고
       연봉도 예전에 _____ 것보다 훨씬 많이 준대요.
마 리 : 조건이 좋네요. 이직해도 될 것 같은데요. 뭐가 문제예요?
루 이 : 그 회사에 전에 _____ 사람이 일하고 있어서 불편할 것 같아요.
마 리 : 아! 작년에 _____ 전 여자친구요? 정말 고민되겠어요.

단어를 공부하세요

| 업무 | 적응하다 | 상담하다 | 이직하다 | 비밀 | 스카우트 |

더 배워 보세요

V-았/었던
과거에 끝난 일, 한 번이나 두 번 정도 경험한 일을 말할 때

* 예전에 갔던 식당이에요.
  : 과거에 그 식당에 한두 번 갔을 때

V-던
과거에 시작했지만 끝나지 않은 행동, 과거에 자주 한 행동을 말할 때

* 예전에 자주 가던 식당이 없어졌어요
  : 과거에 그 식당에 자주 갔을 때

* 어릴 때 살던 곳이에요. (O)
  어릴 때 살았던 곳이에요. (O)
  : 과거에 일정 기간 지속된 일을 말할 때는 두 문법 모두 사용할 수 있다.

* 예전에 키가 작던 아이가 지금은 반에서 제일 크다. (O)
  예전에 키가 작았던 아이가 지금은 반에서 제일 크다. (O)
  : 형용사와 함께 쓸 때는 현재와 다른 과거의 상태를 의미한다.
    두 문법 모두 사용할 수 있다.

CHAPTER 28 주말에 놀이공원에 가면 사람이 많을걸요

CHAPTER 28

문법을 배우세요

A/V-(으)ㄹ걸요   어떤 사실을 추측하면서 말할 때 사용한다. 과거 추측은 '-았/었을걸요'를 사용한다.

	받침 O : -을걸요	받침 X, 받침 ㄹ: -ㄹ걸요
동사	먹다 → 먹을걸요 듣다 → 들을걸요	오다 → 올걸요 만들다 → 만들걸요
형용사	작다 → 작을걸요	크다 → 클걸요
	받침 O : 일걸요	받침 X : 일걸요
동사	학생 → 학생일걸요	의사 → 의사일걸요

읽다 ⇒ _____ 맵다 ⇒ _____

웃다 ⇒ _____ 시원하다 ⇒ _____

사다 ⇒ _____ 힘들다 ⇒ _____

놀다 ⇒ _____ 친구 ⇒ _____

말해 보세요

내일 날씨가 어떨까요?

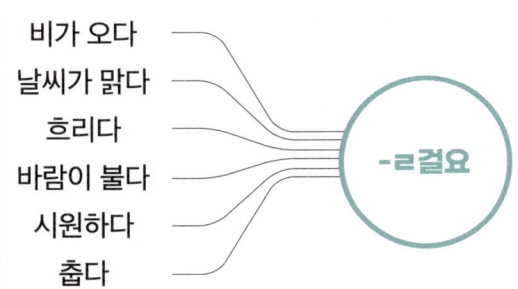

비가 오다 / 날씨가 맑다 / 흐리다 / 바람이 불다 / 시원하다 / 춥다 — -ㄹ걸요

대답해 보세요

1. 올해 겨울은 날씨가 어떨까요? ⇒ _____ (춥다)

2. 혼자 살면 생활비가 많이 들까요? ⇒ _____ (많이 들다)

3. 지하철에서 음식을 먹어도 될까요? ⇒ _____ (먹으면 안 되다)

4. 놀이공원에 사람이 많을까요? ⇒ _____ (주말, 많다)

연습해 보세요

롱 : 첫 데이트로 주말에 ① 놀이공원에 가는 건 어때요?
프엉안 : 주말에 ① 놀이공원에 가면 ② 사람이 많을걸요.
그래서 첫 데이트로는 별로 안 좋을걸요.
롱 : 그래요? 그러면 ③ 영화를 보는 건 어떨까요?
프엉안 : ③ 영화를 보는 걸 좋아하는 사람이면 ④ 괜찮을걸요.
롱 : 그래요? 프엉안 씨는 ③ 영화를 보는 걸 좋아해요?
프엉안 : 저는 좋아해요.
롱 : 그럼 저랑 주말에 ③ 영화를 볼래요?

①	놀이공원에 가다	등산을 하다	도서관에 가다	전시회를 보다
②	사람이 많다	힘들다	재미없다	지루하다
③	영화를 보다	쇼핑을 하다	사진을 찍다	뮤지컬을 보다
④	괜찮다	신나다	흥미로워하다	재미있어하다

들어 보세요

TRACK 28

1 여자는 어떻게 살고 싶어요? (   )

2 잘 듣고 O, X 하세요.

① 여자는 지금 친구들과 같이 살고 있다.
② 원룸에서 살면 집세만 내고 관리비는 내지 않아도 된다.
③ 남자는 친구들과 같이 사는 것보다 혼자 사는 게 좋다고 생각한다.

3 잘 듣고 빈칸에 쓰세요.

체 첵 : 히로, 혼자 살면 생활비가 많이 들까?
히   로 : 아무래도 같이 사는 것보다 _____. 왜? 체첵은 혼자 살고 싶어?
체 첵 : 친구들과 사는 것도 좋지만 불편한 점도 있고 혼자서 살아보고 싶어서.
히   로 : 일단 집세가 _____. 지금은 셋이 사니까 3분의 1만 내면 되잖아.

체 첵: 작은 원룸으로 옮기면 집세는 지금 내는 것과 _____.
히 로: 원룸으로 옮기면 집세도 내고 관리비도 _____.
체 첵: 아. 맞다. 원룸은 관리비를 받는다고 들었어.
히 로: 그리고 집안일이 지금보다 많아져서 _____.
체 첵: 하긴. 지금은 세 명이 나눠서 하니까 그걸 내가 다 하면 힘들겠구나.
히 로: 그러니까 혼자 사는 건 잘 생각해 봐. 같이 사는 게 더 _____.

단어를 공부하세요

| 별로 | 신나다 | 흥미롭다 | 지루하다 | N년제 | 관련되다 |

| 전문 기술 | 전문대학 | 교육대학 | 사범대학 | 방송통신대학 | 사이버대학 |

한국 문화 배우기 [한국의 교육 ④ - 대학교]

한국에는 대학교의 종류가 많다. 전공 공부를 주로 하는 4년제 대학교와 직업과 관련된 전문 기술을 배우는 2년~3년제 전문대학이 있다. 초등학교 선생님이 되고 싶은 학생들을 교육하는 교육대학과 중·고등학교 선생님이 되고 싶은 학생들을 교육하는 사범대학이 있다. 직접 학교에 다니지 않고 방송이나 컴퓨터로 공부할 수 있는 방송통신대학과 사이버대학도 있다. 요즘에는 회사에 다니거나 일을 하면서 공부하는 사람들이 많이 있다. 그래서 방송통신대학이나 사이버 대학이 인기가 있다.

대학교를 졸업하면 학사 학위를 받는다. 더 공부하고 싶은 사람은 대학원에 진학한다. 대학원에서 논문을 쓴 후 졸업하면 석사 학위를 받는다. 석사 학위를 받은 후에 더 공부하면 박사학위를 받을 수 있다.

CHAPTER 29 롱이 고백했다고?

CHAPTER 29

문법을 배우세요

A/V-다고요/는다고요? 다른 사람의 말을 듣고 확인하면서 다시 물을 때 사용한다. 믿을 수 없는 일이나 놀라운 일일 때 사용한다. 과거는 '-았/었다고요?'를 사용하고 미래는 '-을 거라고요?'를 사용한다.

	받침 O : -는다고요?	받침 X, 받침 ㄹ : -ㄴ다고요?
동사	먹다 → 먹는다고요? 입다 → 입는다고요?	오다 → 온다고요? 만들다 → 만든다고요?
형용사	받침 O : -다고요? 작다 → 작다고요?	받침 X : -다고요? 크다 → 크다고요?
명사	받침 O : 이라고요? 학생 → 학생이라고요?	받침 X : 라고요? 의사 → 의사라고요?

읽다 ⇒ _____
웃다 ⇒ _____
사다 ⇒ _____
만들다 ⇒ _____

맵다 ⇒ _____
많다 ⇒ _____
힘들다 ⇒ _____
시원하다 ⇒ _____

말해 보세요

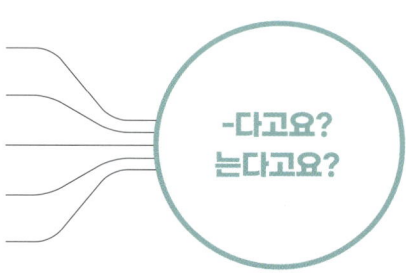

지금 밖에 비가 오다
집이 학교에서 멀다
내일 날씨가 추울 것이다
파티에 200명이 왔다
내일이 시험이다

-다고요?
-는다고요?

대답해 보세요

① 이번 학기에 장학금을 탔어요. ⇒ 네? _____?

② 다음 주에 고향에 돌아갈 거예요. ⇒ 네? _____?

③ 매일 2시간씩 운동을 해요. ⇒ 네? _____?

④ 저 사람이 체첵 씨의 남자친구예요. ⇒ 네? _____?

연습해 보세요

카밀라 : 프엉안, 요즘 얼굴이 밝아. 좋은 일 있어?
프엉안 : 응. 사실은 나 ① 롱이랑 사귀어.
카밀라 : 뭐? ① 롱이랑 사귄다고?
프엉안 : 응. 지난주에 ② 롱이 고백했어.
카밀라 : 뭐? ② 롱이 고백했다고?
프엉안 : 응. 다음 주에는 ③ 놀이공원에서 데이트할 거야.
카밀라 : 뭐? ③ 놀이공원에서 데이트할 거라고?

① 롱이랑 사귀다	이직하다	고향에 다녀오다	대학원에 가다
② 롱이 고백하다	면접을 보다	비행기 표를 사다	합격하다
③ 놀이공원에서 데이트하다	새 회사에서 일하다	고향에서 가족들을 만나다	대학원에 등록하다

 들어 보세요

TRACK 29

1 거래처에서 문제가 생긴 원인이 뭐예요? (   )

① 루이 씨가 메일을 잘못 보내서
② 거래처의 신입 사원이 메일을 잘못 봐서
③ 주문을 받았지만 시간을 맞출 수 없어서

2 잘 듣고 O, X 하세요.

① 여자는 거래처와 통화하고 문제를 알았다.
② 다음주 행사에 물건이 10세트 필요하다.
③ 여자는 거래처와 확인한 후에 문제를 해결하려고 한다.

3 잘 듣고 빈칸에 쓰세요.

지 은: 폴 씨, 큰일 났어요. 방금 거래처에 확인 전화를 했는데 문제가 생겼어요.
폴   : 거래처에 문제가 _____?
지 은: 네, 루이 씨가 지난주에 메일을 보냈는데 거래처의 신입 사원이 메일을 잘못 보고 주문을 넣었대요.
폴   : 메일을 잘못 보고 주문을 _____? 그래서요?

지　은: 100세트를 주문했는데 지금 10세트만 있대요.
폴　　: 10세트만 ＿＿＿＿＿＿＿？ 다음 주 행사에 사용해야 하는데 어떻게 하지요?
지　은: 거래처에서 실수했으니까 최대한 노력해서 추가로 만들 거래요.
폴　　: 추가로 ＿＿＿＿＿＿＿？ 시간을 맞출 수 있을까요?
지　은: 가능할 거라고 했어요. 제가 다시 한번 확인하고 대책을 마련할게요.

단어를 공부하세요

| 큰일 나다 | 거래처 | 문제가 생기다 | 신입 사원 | 주문을 넣다 |

| 최대한 | 추가 | 시간을 맞추다 | 대책을 마련하다 | 학사 학위 |

| 평생교육 | 평생교육원 | 주민센터 | 문화센터 | 취미 관련 |

한국 문화 배우기 [한국의 교육 ⑤ - 평생교육]

평생교육은 평생 배운다는 의미이다. 사회가 빠르게 변화하기 때문에 졸업한 후에도 변화하는 사회에 적응하려면 교육이 필요하다. 한국에서는 다양한 장소에서 다양한 방법으로 평생교육이 이루어지고 있다. 대학교의 평생교육원에서는 자격증을 위한 교육이나 전문가를 위한 교육이 이루어진다. 사이버 대학교의 사이버 강의도 사람들이 좀 더 쉽게 교육을 받는 방법이다.

지역에서 운영하는 도서관이나 지역 주민센터에서 인터넷이나 외국어, 음악, 미술 수업 등을 들을 수 있다. 또한, 마트나 백화점의 문화센터에서는 요리, 운동, 예술 등 취미 생활과 관련된 다양한 수업이 있다. 한국에서는 다양한 방법으로 관심 분야에 대한 교육을 받는 것이 가능하다.

참 즐거운 **한국어**
CHAPTER
30 두 사람이 싸운 모양이에요

CHAPTER 30

 ## 문법을 배우세요

| A/V-은/는 모양이다 | 어떤 상황을 근거로 추측할 때 사용한다. 과거 추측은 'V-(으)ㄴ 모양이다', 미래 추측은 'V-(으)ㄹ 모양이다'를 사용한다. |

동사	받침 O : -는 모양이다 먹다 → 먹는 모양이다	받침 X : -는 모양이다 오다 → 오는 모양이다
형용사	받침 O : -은 모양이다 작다 → 작은 모양이다 춥다 → 추운 모양이다	받침 X, 받침 ㄹ : -ㄴ 모양이다 크다 → 큰 모양이다 힘들다 → 힘든 모양이다
명사	받침 O : 인 모양이다 학생 → 학생인 모양이다	받침 X : 인 모양이다 의사 → 의사인 모양이다

읽다 ⇒ _____ 비싸다 ⇒ _____
웃다 ⇒ _____ 많다 ⇒ _____
만들다 ⇒ _____ 시원하다 ⇒ _____
멀다 ⇒ _____ 친구 ⇒ _____

 ## 말해 보세요

전화를 안 받는 걸 보니   자다
친구가 코트를 입은 걸 보니   날씨가 춥다   -은/는
아르바이트 하는 걸 보니까   용돈이 부족하다   모양이에요
목에 청진기를 한 걸 보니까   의사이다

 ## 그림을 보고 추측해서 말해 보세요

①  _____

②  _____

③  _____

④  _____

연습해 보세요

프엉안 : 요즘 히로 씨와 체첵이 무슨 일이 있어요?
카밀라 : 두 사람이 ① 싸운 모양이에요.
프엉안 : 네? 왜요?
카밀라 : 히로 씨가 취직하고 바빠서 자주 ② 못 만났대요.
　　　　그래서 체첵이 ③ 화를 낸 모양이에요.
프엉안 : 이런… 체첵이 ③ 화를 낼만 하네요.
카밀라 : 근데 체첵은 ① 싸운 걸 후회하는 모양이에요.

①	싸우다	헤어지다	거리를 두다	연락을 끊다
②	못 만나다	약속을 어기다	잠수를 타다	바람을 맞히다
③	화를 내다	짜증을 내다	헤어지자고 하다	소개팅을 하다

들어 보세요

TRACK 30

1 새 프로젝트 팀에서 일할 사람을 모두 고르세요. (　　　)

① 　② 　③

2 잘 듣고 O, X 하세요.

① 남자는 지은 씨가 다음 달에 승진할 것이라고 생각한다.
② 기획팀에서 프로젝트를 위해서 새 팀을 만든다.
③ 남자와 여자는 앞으로 같이 일할 것이다.

3 잘 듣고 빈칸에 쓰세요.

루　이 : 마리 씨, 다음 달에 지은 씨가 _____.
마　리 : 그래요?
루　이 : 네, 며칠 전부터 폴 씨가 지은 씨랑 따로 이야기하는 걸 보니까 지은 씨가 팀장이 _____.
마　리 : 잘됐네요. 그런데 지은 씨가 팀장이 되면 원래 팀장인 폴 씨는요?

루 이: 기획팀에서 새로운 프로젝트를 진행하기 위해서 새 팀을 만드는데 지은 씨가 거기 _____.
　　　　폴 씨는 우리 팀에 _____.
마 리: 좋은 소식이네요. 저도 그 프로젝트팀으로 _____. 어제 인사팀에서 연락이 왔어요.
루 이: 이런, 우리 팀이 둘로 _____.

단어를 공부하세요

| 짜증을 내다 | 거리를 두다 | 바람을 맞히다 | 소개팅을 하다 | 승진하다 | 따로 |

| 팀장 | 기획팀 | 프로젝트 | 발령 나다 | 인사팀 |

더 배워 보세요 [추측할 때 쓰는 표현들]

-(으)ㄴ/는 모양이다

* 손님들께서 늦으시는 모양입니다.
  : 공식적인 상황이나 글을 쓸 때 많이 사용한다.

* (창밖의 사람들이 우산을 쓴 걸 보고) 밖에 비가 오는 모양이에요.
  : 간접적으로 경험한 것이 추측의 근거가 될 때 사용한다.

-(으)ㄴ가/나 보다

* 롱 씨가 전화를 안 받는 걸 보니까 자나 봐요.
  : 비공식적으로 말할 때 많이 사용한다.

* (창밖의 사람들이 우산을 쓴 걸 보고) 밖에 비가 오나 봐요.
  : 간접적으로 경험한 것이 추측의 근거가 될 때 사용한다.

-(으)ㄴ/는 것 같다

* 떡볶이는 좀 매운 것 같아요.
  : 생각이나 의견을 말할 때도 사용할 수 있다.

* (하늘이 흐린 걸 보고) 오늘 비가 올 것 같아요.

* (이유는 없지만) 오늘 비가 올 것 같아요.
  : 추측의 근거가 있는 경우와 없는 경우 모두 쓸 수 있다는 뜻이에요.

CHAPTER 31
어렸을 때 엄마 말씀을 잘 들었어야 했는데…

CHAPTER 31

문법을 배우세요

A/V-았/었어야 했는데 — 과거 어떤 일에 대해 가정하여 아쉬움을 표현할 때 사용한다.

	ㅏ, ㅗ : -았어야 했는데	ㅓ, ㅜ, ㅡ, ㅣ … : -었어야 했는데	하다 : -했어야 했는데
동사	사다 → 샀어야 했는데	먹다 → 먹었어야 했는데	청소하다 → 청소했어야 했는데
형용사	좋다 → 좋았어야 했는데	크다 → 컸어야 했는데	시원하다 → 시원했어야 했는데

쉬다 ⇒ _____   먹다 ⇒ _____

사다 ⇒ _____   걷다 ⇒ _____

마시다 ⇒ _____   듣다 ⇒ _____

예매하다 ⇒ _____   조용하다 ⇒ _____

준비하다 ⇒ _____   깨끗하다 ⇒ _____

말해 보세요

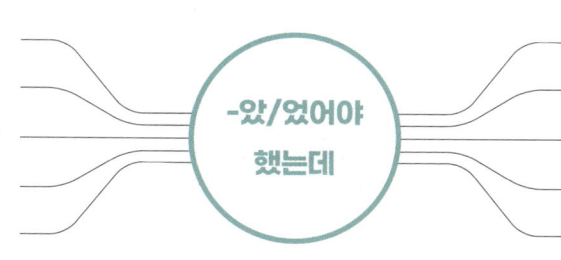

커피를 마시다
일찍 일어나다
술을 마시지 말다
서두르다
숙제를 먼저 하다

-았/었어야 했는데

안 마셔서 자꾸 하품을 해요.
늦잠을 잤어요.
마셔서 속이 쓰려요.
늦게 가서 기차를 놓쳤어요.
드라마를 봤어요.

대답해 보세요

① 어제 밤을 새웠어요?   ⇒ 네, _____ (미리 공부하다)

② 아침을 안 먹었어요?   ⇒ 네, _____ (일찍 일어나다)

③ 새 구두를 신어서 발이 아파요?   ⇒ 네, _____ (미리 반창고를 붙이다)

④ 약국 문을 열었어요?   ⇒ 아니요, _____ (미리 약을 사다)

어렸을 때 엄마 말씀을 잘 들었어야 했는데…

연습해 보세요

마 리 : 루이 씨는 후회하는 일이 있어요?
루 이 : ① 어렸을 때 ② 엄마 말씀을 잘 들었어야 했는데 후회돼요. 마리 씨는요?
마 리 : 저는 ① 어렸을 때 ③ 더 많이 놀았어야 했는데 못 놀아서 아쉬워요.

①	어렸을 때	고등학교 때	대학생 때	학교 다닐 때
②	엄마 말씀을 잘 듣다	담배를 피우지 말다	배낭 여행을 하다	외국어 공부를 하다
③	더 많이 놀다	열심히 공부하다	남자친구를 사귀다	친구들과 여행을 하다

들어 보세요

TRACK 31

1 마리는 어젯밤에 무엇을 했습니까? (   )

2 잘 듣고 O, X 하세요.

① 마리는 한국 드라마를 좋아하지만 주말에만 본다.
② 오늘은 금요일이다.
③ 마리는 친구에게 한국 드라마를 추천했다.

3 잘 듣고 빈칸에 쓰세요.

지 은 : 마리 씨, 안색이 안 좋아 보여요.
마 리 : 네, 어제 일찍 _____ 드라마를 끝까지 보느라고 늦게 잤어요.
지 은 : 아직도 그렇게 드라마에 빠져 있어요?

마 　 리: 한국 드라마가 얼마나 흥미진진한지 몰라요. 도저히 중간에 멈출 수가 없어요. 보다가 [   ] 지금은 후회돼요.
지 　 은: 그래도 내일이 주말이어서 다행이에요.
마 　 리: 친구가 그 드라마를 추천할 때 못 들은 척 [   ] 보고 나서 후회가 돼요.

단어를 공부하세요

| 흥미진진하다 | 다행이다 | 추천하다 | 중간에 끊다 | 반창고를 붙이다 |

| 하품을 하다 | 기차를 놓치다 | 모르는 척하다 | 드라마에 빠지다 |

써 보세요

지금까지 살면서 후회하는 일에 대해 써 보세요.

<내가 가장 후회하는 일>
1) 살면서 가장 후회하는 일이 무엇입니까?
2) 그 일이 언제 있었습니까?
3) 왜 그 일을 후회합니까?
4) 그 일과 반대되는 결정을 했다면 지금 어떨까요?

CHAPTER 32 히로 씨 말을 듣고 보니 이해가 되네요

CHAPTER 32

문법을 배우세요

V-고 보니(까) 　어떤 행동을 하기 전에는 몰랐지만 하고 나서 깨닫게 되는 내용을 표현할 때 사용한다.

동사	받침 O : -고 보니	받침 X : -고 보니
	먹다 → 먹고 보니 읽다 → 읽고 보니	사다 → 사고 보니 타다 → 타고 보니

말하다　⇒ _____　　이야기하다　⇒ _____

빌리다　⇒ _____　　만나다　⇒ _____

쓰다　⇒ _____　　듣다　⇒ _____

사다　⇒ _____　　알다　⇒ _____

생각하다　⇒ _____　　졸업하다　⇒ _____

말해 보세요

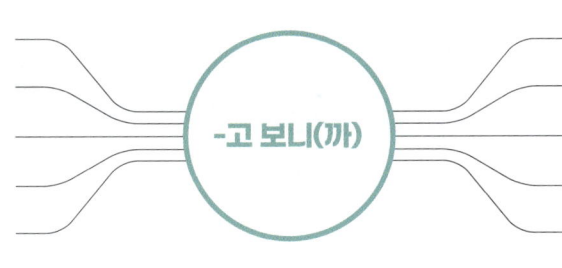

친구 이야기를 듣다　　　　　　　　　　　　　　　　이해가 돼요
알다　　　　　　　　　　　　　　　　　　친절한 사람 같아요
만나다　　　　　　-고 보니(까)　　　　고향 사람이에요
버스를 타다　　　　　　　　　　　　　지갑이 없어서 다시 내렸어요
메시지를 보내다　　　　　　　　　　　　　　잘못 보냈어요

대답해 보세요

① 이번에 취직한 회사는 어때요?　⇒ _____ (교통편이 좋다)

② 졸업하고 일을 하니까 어때요?　⇒ _____ (학생 때가 좋다)

③ 새로 이사한 집은 어때요?　⇒ _____ (세금이 비싸다)

④ 결혼하니까 어때요?　⇒ _____ (많은 부분이 다르다)

연습해 보세요

체 첵 : 히로 씨, 왜 이렇게 ① 늦게 왔어요?
히 로 : 아휴, 미안해요. 말도 마세요.
　　　　② 지하철에 가방을 두고 내려서 ③ 겨우 찾았어요.
　　　　그리고 전화하려고 했는데, 배터리가 부족해서
　　　　편의점에서 급속 충전을 했어요.
체 첵 : ④ 듣고 보니 이해가 되네요. 여기 앉아서 좀 쉬세요.

①	늦게 오다	연락이 안되다	바쁘다	연락하기가 힘들다
②	지하철에 가방을 두고 내리다	집에 휴대폰을 놓고 오다	집에 usb를 두고 오다	차 키를 잃어버리다
③	겨우 찾다	다시 가다	도로 가다	서비스를 부르다
④	듣다	듣고 생각하다	이야기를 듣다	상황을 생각하다

들어 보세요

TRACK 32

1 이 사람들은 지금 무엇을 하려고 합니까? (　　)

2 잘 듣고 O, X 하세요.

① 프엉안은 지하철을 반대로 타서 좀 늦게 도착했다.
② 프엉안은 처음에 노약자석에 앉았다.
③ 프엉안은 늦어서 파티가 시작한 후에 도착했다.

3 잘 듣고 빈칸에 쓰세요.

롱　　 : 프엉안 씨, 어서 오세요.
프엉안 : 미안해요, 좀 늦었지요? 지하철을 　　　　 반대편 노선이었어요.
롱　　 : 괜찮아요. 아직 파티 시작 안 했어요.
프엉안 : 그런데 한국 지하철은 노약자석이 있네요.

롱　　　: 아, 맞아요. 그래서 보통 노약자석에는 안 앉아요.
프엉안 : 저는 아까 　　　　　　　 노약자석이어서 얼른 일어났어요.
롱　　　: 당황했겠어요.
프엉안 : 조금 당황했어요. 참, 그리고 여기 생일 선물이에요. 　　　　　　　 롱 씨한테 어울릴지 잘 모르겠어요.
롱　　　: 고마워요. 잘 쓸게요.

단어를 공부하세요

| 노약자석 | 반대편 | 노선 | 어울리다 | 겨우 | 서비스를 부르다 |

| 배터리 | 급속충전 | 겨우 찾다 | 도로 가다 | 말도 마세요 | 차 키 |

더 배워 보세요

V-고 보니(까)

어떤 행동을 한 후에 예상하지 못한 결과를 알게 되었을 때 사용한다.

* 버스를 타고 보니 지갑이 없었어요.
  : 버스를 타기 전에는 지갑이 없는 것을 예상하지 못했다. 버스를 타고 난 후에 알게 되었다.

V-아/어 보니(까)

경험하지 않은 일을 시험 삼아 행동한 후에 느낀 점을 이야기할 때 사용한다.

* 한국에서 버스를 타 보니 환승이 편했어요.
  : 한국에서 버스를 타 본 후에 느낀 점을 말한다.

참 즐거운 **한국어**
CHAPTER 33

손을 깨끗하게 씻지 않으면 안 된대요

눈병에 안 걸리려면 어떻게 해야 한대요?

손을 깨끗하게 씻지 않으면 안 된대요.

CHAPTER 33

🏠 문법을 배우세요

A/V-지 않으면 안 되다 어떤 일을 해야 할 필요나 상태의 필요가 있음을 표현할 때 사용한다.

	받침 O : -지 않으면 안 되다	받침 X : -지 않으면 안 되다
동사	먹다 → 먹지 않으면 안 되다 잡다 → 잡지 않으면 안 되다	가다 → 가지 않으면 안 되다 쉬다 → 쉬지 않으면 안 되다
형용사	많다 → 많지 않으면 안 되다 작다 → 작지 않으면 안 되다	크다 → 크지 않으면 안 되다 싸다 → 싸지 않으면 안 되다

외우다 ⇒ _____   쉬다 ⇒ _____

듣다 ⇒ _____   공부하다 ⇒ _____

읽다 ⇒ _____   싸다 ⇒ _____

만들다 ⇒ _____   편하다 ⇒ _____

운동하다 ⇒ _____   붙이다 ⇒ _____

🪭 말해 보세요

오래 걸으려면 — 편한 신발을 신다
시험에 합격하려면 — 밤낮없이 공부하다
공연을 보려면 — 30분 전에 입장하다 → -지 않으면 안 돼요
아기가 잘 자게 하려면 — 조용히 하다
밤을 새우려면 — 커피를 마시다

🧩 대답해 보세요

1. 손님이 많아지려면 어떻게 해요? ⇒ _____ (가격이 싸다).

2. 그 영화를 보려면 어떻게 해요? ⇒ _____ (미리 예매하다).

3. 건강해지려면 어떻게 해요? ⇒ _____ (운동을 하다).

4. 한국어를 잘 하려면 어떻게 해요? ⇒ _____ (단어를 외우다).

연습해 보세요

프엉안 : 롱 씨, 어디에 다녀와요?
롱　　 : 병원에 다녀오는 길이에요
프엉안 : 어디가 아파요?
롱　　 : ① 눈이 충혈되어서 진료를 받았어요.
　　　　② 눈병에 걸렸대요.
프엉안 : ② 눈병에 안 걸리려면 어떻게 해야 한대요?
롱　　 : ③ 손을 깨끗하게 씻지 않으면 안 된대요.

①	눈이 충혈되다	기침이 나다	허리가 아프다	두통이 있다
②	눈병에 걸리다	감기에 걸리다	허리가 아프다	머리가 아프다
③	손을 깨끗하게 씻다	푹 쉬다	자세를 바르게 하다	스트레스를 풀다

들어 보세요

TRACK 33

1 루이 씨는 왜 고향에 다녀오려고 합니까? (　　)

2 잘 듣고 O, X 하세요.

① 루이 씨는 졸업 논문을 발표하러 고향에 갈 것이다.
② 논문을 제출하지 않아도 졸업을 할 수 있다.
③ 루이 씨는 고향에서 만나야 하는 사람이 많다.

3 잘 듣고 빈칸에 쓰세요.

지　은 : 루이 씨, 고향에 다녀온다고 들었어요. 무슨 일이 있어요?
루　이 : 네, 이번에 졸업 논문을 　　　　　　 안 돼요. 그래서 고향에 가요.
지　은 : 그렇군요. 논문을 발표하러 가는 거예요?
루　이 : 네, 졸업하려면 논문을 　　　　　　 안 되거든요.

지　은: 발표 잘하고 오세요. 오랜만에 고향에 가면 만날 사람이 많겠네요.
루　이: 네, ＿＿＿＿＿＿＿＿＿ 사람이 너무 많아요. 그리고 ＿＿＿＿＿＿＿＿＿ 일도 많아서 걱정이에요.
지　은: 잘 될 거예요.

단어를 공부하세요

| 논문 | 밤낮없이 | 입장하다 | 자세를 바로 하다 | 법치주의 |

| 범죄 | 저지르다 | 처벌받다 | 형법 | 검사 |

| 피고인 | 민사 | 민법 | 변호사 | 배상 |

한국 문화 배우기 [한국의 법 ① - 한국의 사법제도]

한국은 법에 따라 나라가 운영되는 법치주의 국가이다. 사람과 사람 사이에 문제가 있거나 범죄를 저질렀을 경우 법에 따라 해결되거나 처벌받는다. 이것을 사법이라고 하고 이 일을 하는 곳이 사법부이다.

범죄를 저지른 사람은 형법에 따라서 처벌받는다. 형사 재판은 형법에 따라 재판하는 것이다. 형사 재판은 경찰이 범인을 잡으면 검사가 그 죄에 맞게 재판을 신청한다. 형사 재판의 피고인은 변호사를 고용해서 자신의 무죄를 밝히려고 노력한다. 돈이 없어 변호사를 고용하지 못 하는 경우는 국가에서 변호사를 지원해준다. 이것을 국선변호인이라고 한다. 판사는 검사와 변호사의 변론을 듣고 죄에 따라 처벌하는 정도를 판단한다.

민사 재판은 사람들 사이에 문제가 있을 때 개인이 신청하는 재판이다. 민사 재판은 민법에 따라 재판한다. 민사 재판을 위해 개인들은 변호사를 고용한다. 판사는 변호사의 변론을 듣고 개인 사이의 문제를 판단한다. 민사 재판 결과 금전적인 배상을 하기도 한다.

CHAPTER 34
설악산 단풍이 정말 볼 만해요

CHAPTER 34

문법을 배우세요

V-(으)ㄹ 만하다

어떤 행동을 하거나 일어날 가치가 있을 때 사용한다. 또 어떤 것이 아주 마음에 들지는 않지만 괜찮을 때 사용하기도 한다. 뒤에 명사가 올 때는 'V-(으)ㄹ 만한 N'의 형태로 사용한다.

동사	받침 O : -을 만하다	받침 X, 받침 ㄹ : -ㄹ 만하다
	먹다 → 먹을 만하다 읽다 → 읽을 만하다	보다 → 볼 만하다 살다 → 살 만하다

가다 ⇒ _____

보다 ⇒ _____

구경하다 ⇒ _____

쉬다 ⇒ _____

찍다 ⇒ _____

만나다 ⇒ _____

만들다 ⇒ _____

쇼핑하다 ⇒ _____

참다 ⇒ _____

듣다 ⇒ _____

말해 보세요

저 영화가 어때요? 　보다
한국 생활이 어때요? 　살다
신발이 불편해요? 　걷다   -(으)ㄹ 만해요
불고기가 어때요? 　먹다
설악산 단풍이 어때요? 구경하다
그 음악이 어때요? 　듣다

대답해 보세요

1. 요즘 볼 만한 영화가 있어요? ⇒ _____ ('부산의 봄').

2. 한국 음식이 매운데 어때요? ⇒ _____ (먹다).

3. 춘천에서 먹을 만한 음식이 뭐예요? ⇒ _____ (닭갈비).

4. 경주에서 갈 만한 곳이 어디예요? ⇒ _____ (남산/첨성대).

설악산 단풍이 정말 볼 만해요

연습해 보세요

루 이 : ① 가을에 갈 만한 곳이 있을까요?
지 은 : 어디에 가고 싶어요?
루 이 : ② 구경할 만한 경치가 있으면 좋아요.
지 은 : 거리는 얼마 정도 생각하세요?
루 이 : 멀어도 괜찮아요.
지 은 : 그럼 ③ 설악산에 한번 가 보세요.
④ 단풍이 볼 만해요.

①	가을에	주말에	겨울에	요즘
②	구경하다-경치	운동하다-곳	먹다-음식	경험하다-활동
③	설악산	미사리	춘천	경남 하동
④	단풍-보다	자전거-타다	닭갈비-먹다	짚라인-타다

들어 보세요

TRACK 34

1 루이 씨가 다녀오지 않은 곳은 어디입니까? (   )

①  ②  ③

2 잘 듣고 O, X 하세요.

① 루이는 사람들이 많고 복잡해서 설악산 단풍을 볼 수 없었다.
② 루이는 남이섬에서 짚라인을 탔다.
③ 루이는 설악산에서 먹은 음식도 괜찮다고 생각한다.

3 잘 듣고 빈칸에 쓰세요.

지 은 : 루이 씨, 설악산에는 잘 다녀왔어요?
루 이 : 네, 정말 즐거운 여행이었어요.
지 은 : 설악산이 어땠어요?
루 이 : 단풍이 정말 _____. 얼마나 아름다웠는지 몰라요.

지 은: 음식은 어땠어요?
루 이: 사람들이 많아서 식당이 복잡하기는 했어도 음식도 _____.
        오는 길에 남이섬에 들러서 짚라인도 탔어요.
지 은: 짚라인은 어땠어요?
루 이: 생각보다 더 좋았어요. 정말 _____.

단어를 공부하세요

| 짚라인 | 들르다 | 부동산 | 계약서 | 등기부등본 |

| 담보 | 대출 | 공인중개사 | 주택임대차보호법 | 임대인 |

| 연장 | 확정 일자 | 체류지 변경 신고 |

한국 문화 배우기 [한국의 법 ② - 부동산과 관계된 법률]

땅이나 건물 등 옮길 수 없는 재산을 부동산이라고 한다. 한국에서 부동산을 빌리거나 살 때는 꼭 계약서를 써야 한다. 계약서를 쓰기 전에는 '등기부등본'을 꼭 확인해야 한다. 등기부등본을 보면 부동산의 주인이 누구인지(부동산 소유자) 부동산을 가지고(담보) 돈을 빌린 일(대출)이 있는지를 알 수 있다. 등기부등본은 부동산의 주소만 알면 대법원 홈페이지에서 누구나 볼 수 있다. 그러나 등기부등본을 확인하는 것과 계약서를 쓰는 것이 쉽지 않기 때문에 한국에서는 보통 공인중개사를 통해서 부동산을 거래한다.

월세나 전세로 집을 빌릴 때는 '주택임대차보호법'의 도움을 받을 수 있다. 집을 빌릴 때는 보통 계약 기간을 2년으로 한다. 이때 집을 빌린 사람(임대인)이 원하는 경우는 2년을 더 연장할 수 있다. 임대인은 계약 기간이 끝나기 6개월에서 1년 전에 계약 연장을 요구하면 된다. 주택임대차보호법의 도움을 받기 위해서는 확정일자를 받아야 한다. 확정일자는 국가에 부동산을 계약한 날을 확인받는 것이다. 계약서를 들고 동사무소나 법원에 가면 확정일자를 받을 수 있다. 외국인도 이사했다는 체류지 변경 신고를 하면 확정일자를 받을 수 있다.

CHAPTER 35
싸기는커녕 바가지를 씌우는 것 같아요

CHAPTER 35

문법을 배우세요

A/V-기는커녕   앞의 내용은 물론 그보다 더 쉬운 뒤의 상황조차 이루기 어려울 때 사용하는 표현이다.

	받침 O : -기는커녕	받침 X : -기는커녕
동사	먹다 → 먹기는커녕 읽다 → 읽기는커녕	사다 → 사기는커녕 타다 → 타기는커녕
형용사	많다 → 많기는커녕 춥다 → 춥기는커녕	싸다 → 싸기는커녕 편하다 → 편하기는커녕

쉬다 ⇒ _____   먹다 ⇒ _____

사다 ⇒ _____   걷다 ⇒ _____

마시다 ⇒ _____   듣다 ⇒ _____

예매하다 ⇒ _____   조용하다 ⇒ _____

준비하다 ⇒ _____   깨끗하다 ⇒ _____

말해 보세요

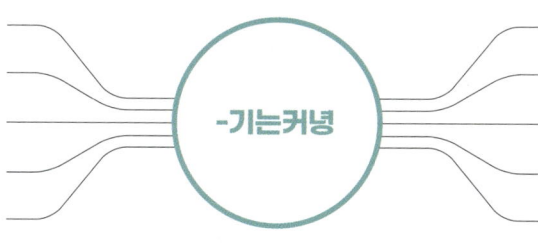

주말에 집에서 쉬다
여행 준비를 하다
장학금을 받다
행복하다
한국 사람하고 대화하다

-기는커녕

야근을 했어요
숙소 예약도 안 했어요
재시험을 봐야 해요
맨날 말다툼을 해요
한국어를 읽지도 못해요

대답해 보세요

1. 결혼을 하니까 어때요? ⇒ _____ (좋다/싸우다).

2. 새로 생긴 식당이 어때요? ⇒ _____ (맛있다/지저분하다).

3. 새 운동화가 어때요? ⇒ _____ (편하다/발이 아프다).

4. 감기약을 먹었어요? ⇒ 네, _____ (낫다/더 아프다).

싸기는커녕 바가지를 씌우는 것 같아요

연습해 보세요

민 재 : 여보, ① 큰 시장에 잘 다녀왔어요? ② 좋았어요?
지 은 : ② 좋기는커녕 피곤하기만 해요.
민 재 : 아니 왜요?
지 은 : 사람도 많고 복잡해서 정신이 없었어요.
그리고 ③ 싸기는커녕 ④ 바가지를 씌우는 것 같아요.
민 재 : 피곤하겠네요. 얼른 쉬어요.

①	큰 시장	드라이브	동창회	헬스클럽
②	좋다	휴식이 되다	재미있다	운동을 잘 하다
③	싸다	기분을 풀다	반가워하다	살이 빠지다
④	바가지를 씌우다	머리가 아프다	자랑하느라 바쁘다	식욕이 폭발하다

들어 보세요

TRACK 35

1 롱 씨는 무엇을 하고 싶었습니까? (   )

2 잘 듣고 O, X 하세요.

① 롱 씨는 시험을 잘 못 봤다.
② 롱 씨는 시험이 끝나서 아르바이트를 할 것이다.
③ 롱 씨는 아침은 먹었지만 점심은 아직 못 먹었다.

3 잘 듣고 빈칸에 쓰세요.

카밀라 : 롱 씨, 시험 잘 봤어요?
롱　　 : 아니요, 열심히 공부해서 장학금을 받고 싶었는데 _____ 재시험을 볼지도 몰라요.
카밀라 : 시험이 쉬웠다고 하던데 아닌가 봐요?
롱　　 : _____ 아는 문제가 얼마 없었어요.
카밀라 : 어려웠나 보군요. 참, 시험이 끝나면 아르바이트는 할 거라고 했었죠?

롱   : 지금은 _____ 날마다 도서관에서 살아야 할 것 같아요.
카밀라 : 이런, 점심은 먹었지요?
롱   : 아니요, 공부하느라고 점심을 _____ 아침도 못 먹었어요.

단어를 공부하세요

말다툼	새로	바가지를 씌우다	동창회	식욕
폭발하다	얼마 없다	면제	장기 체류자	단기 체류자
초과하다	외국인등록	체류지	영주권	귀화 신청

한국 문화 배우기 [한국의 법 ③ – 외국인과 관계 있는 법률]

외국인들이 한국에 올 때는 비자(VISA)가 필요하다. 국가에 따라서는 짧은 기간 동안 한국을 방문할 때는 비자를 면제받기도 한다. 비자를 받아 한국에 오면 한국에 있는 기간에 따라 장기 체류자와 단기 체류자로 구분된다. 한국에 있는 기간이 90일을 초과하는 장기 체류자는 외국인등록을 해야 한다. 외국인등록은 한국에 입국한 날부터 90일이 되기 전에 출입국관리사무소에 가서 해야 한다. 외국인등록을 한 후에는 외국인등록증을 받는다. 외국인등록을 한 외국인이 사는 곳(체류지)을 옮길 때는 '체류지 변경 신고'를 해야 한다. 체류지 변경신고는 읍·면·동사무소에서 할 수 있다.

한국에서 계속 살고 싶은 외국인들은 영주권을 신청해야 한다. 영주권을 신청할 수 있는 자격은 대한민국에 5년 이상 체류하고 있는 사람, 한국 국민의 배우자 또는 영주자격자의 배우자 및 미성년 자녀 등 다양하다. 대한민국 국민이 되기 위해서는 부모 중 한쪽의 국적이 대한민국이어야 한다. 그래서 한국에 머무는 외국인이 한국에서 자녀를 낳아도 한국 국적을 받을 수는 없다. 외국인이 한국 국적을 받기 위해서는 귀화 신청을 해야 한다.

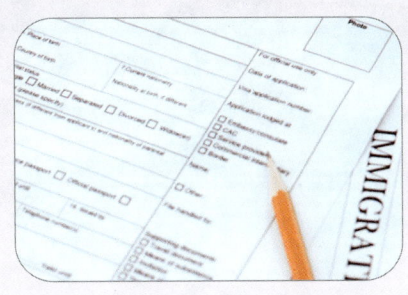

참 즐거운 한국어

CHAPTER 36

매일 운동하기

CHAPTER 36

문법을 배우세요

| V-기 | 동사를 명사로 바꿀 때 사용한다. 메모할 때 사용한다. |

명사

받침 O : -기
먹다 → 먹기

받침 X : -기
오다 → 오기

읽다 ⇒ _____   배우다 ⇒ _____
웃다 ⇒ _____   살다 ⇒ _____
가다 ⇒ _____   듣다 ⇒ _____
사다 ⇒ _____   공부하다 ⇒ _____
만들다 ⇒ _____   요리하다 ⇒ _____

말해 보세요

새해에는
- 매일 운동하다
- 일주일에 한 번 부모님께 전화하다
- 생활비를 아껴 쓰다
- TOPIK 4급을 따다
- 아르바이트를 하다
- 여자친구를 사귀다

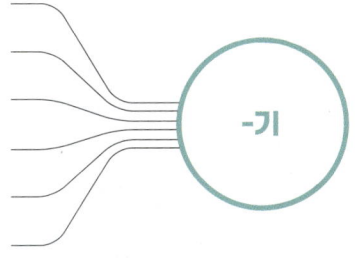

대답해 보세요

1. 취미가 뭐예요?   (영화 보다) ⇒ _____
2. 특기가 뭐예요?   (요리하다) ⇒ _____
3. 내년 목표가 뭐예요?   (매일 운동) ⇒ _____
4. 하기 어려운 일이 뭐예요? (청소) ⇒ _____

연습해 보세요

지 은 : 민재 씨, 새해 목표가 뭐예요?
민 재 : ① 운동하기예요. 그리고 ② 담배 끊기예요.
지 은 : 좋은 생각이에요. 저는 ③ 자격증 따기예요.
민 재 : ③ 자격증 따기요? 무슨 ③ 자격증이요?
지 은 : ④ 요리사 자격증을 ③ 따고 싶어요.
민 재 : 그래요? 같이 할까요?

①	운동하다	다이어트하다	독서하다	승진하다
②	담배 끊다	여행하다	그림 그리다	효도하다
③	자격증-따다	외국어-배우다	악기-연습하다	식물-키우다
④	요리사 자격증	프랑스어	피아노	장미

들어 보세요

TRACK 36

1 잘 듣고 제임스의 계획표를 완성하세요.

새해 계획
1. 매일 운동하기
2. 영어공부하기
3. 부모님께 효도하기

오전 7시	일어나기
7시 ~ 8시	
8시 ~ 9시	
9시 ~ 12시	
오후 12시 ~ 1시	점심 식사하기
1시 ~ 6시	
6시 ~ 7시	
7시 ~	

2 잘 듣고 빈칸에 쓰세요.

폴 : 루루 씨, 이것 보세요. 제임스가 짠 방학 계획이에요.
루 루 : 아, 아까 숙제를 한다고 했는데 그게 방학 계획 짜기였나 봐요.
폴 : 아주 재미있는 계획이에요. 먼저 아침 7시에 일어나기.
루 루 : 정말요? 제임스는 8시에도 겨우 일어나면서 더 자고 싶어 하는데.
폴 : 그것만이 아니에요. 7시부터 8시까지 엄마를 도와 _____.
  8시부터 9시까지 아침 먹고 _____.

루　　루: 어머, 정말 제임스가 쓴 계획이 맞아요? 믿을 수 없어요.
폴　　　: 9시부터 12시까지 _____. 12시부터 _____. 1시부터 6시까지 _____.
　　　　 6시부터 _____. 7시부터 _____.
루　　루: 음… 제임스가 쓴 계획이 맞는 것 같네요.

단어를 공부하세요

| 짜다 | 방학 계획 | 겨우 | 돕다 | 버킷리스트 |

써 보세요

버킷리스트 10가지 작성하기

<나의 버킷 리스트 10>
1) 지금까지 살면서 하고 싶었던 일을 정리해 보세요.
2) 죽기 전에 꼭 하고 싶은 일을 순서대로 써 보세요.
3) 버킷 리스트를 작성하고 친구와 교환해서 읽어 보세요.

① _____
② _____
③ _____
④ _____
⑤ _____
⑥ _____
⑦ _____
⑧ _____
⑨ _____
⑩ _____

CHAPTER 37 아이라고 해서 다 잘 우는 것은 아니에요

CHAPTER 37

문법을 배우세요

N(이)라고 (해서) 다 A/V-(으)ㄴ/는 것은 아니다

A/V-(는/ㄴ)다고 (해서) 다 A/V-(으)ㄴ/는 것은 아니다

보통 사실이라고 생각하는 것이 사실이 아닌 경우도 있을 때 사용한다.

동사	받침 O : -는다고 해서 먹다 → 먹는다고 해서	받침 X, 받침 ㄹ: -ㄴ다고 해서 오다 → 온다고 해서
형용사	받침 O : -다고 해서 작다 → 작다고 해서	받침 X : -다고 해서 크다 → 크다고 해서
명사	받침 O : 이라고 해서 학생 → 학생이라고 해서	받침 X : 라고 해서 의사 → 의사라고 해서
동사	받침 O : -는 것은 아니다 먹다 → 먹는 것은 아니다	받침 X : -는 것은 아니다 오다 → 오는 것은 아니다
형용사	받침 O : -은 것은 아니다 작다 → 작은 것은 아니다	받침 X : -ㄴ 것은 아니다 크다 → 큰 것은 아니다

말해 보세요

한국 사람 / 키가 크다 / 비싸다 / 운동하다 — **-(이)라고 해서 다 / -(는/ㄴ)다고 해서 다** — 김치를 좋아하다 / 농구를 잘 하다 / 품질이 좋다 / 살이 빠지다 — **-(으)ㄴ/는 것은 아니에요**

대답해 보세요

1. 한국 사람은 모두 성격이 급하지요? ⇒ _____

2. 외국인은 매운 음식을 못 먹지요? ⇒ _____

3. 우유를 많이 마시면 키가 크겠지요? ⇒ _____

아이라고 해서 다 잘 우는 것은 아니에요

연습해 보세요

프엉안: 지은 씨, ① 이 아이는 아이인데 ② 잘 울지 않네요.
지 은: ① 아이라고 해서 다 ② 잘 우는 것은 아니에요.
② 자주 울지 않는 ① 아이도 있어요.
프엉안: ③ 사촌 동생이 정말 ② 잘 울었어요.
그래서 ① 아이는 모두 ② 잘 운다고 생각했어요.
지 은: 그렇게 생각할 수도 있죠.

①	아이	강아지	전공 책	낙지볶음
②	잘 울다	자주 짖다	어렵다	맵다
③	사촌 동생	옆집 강아지	우리 과 전공 책	처음 먹은 낙지볶음

들어 보세요

 TRACK 37

1 좋은 컴퓨터는 어떤 컴퓨터예요? (   )

① 비싼 컴퓨터
② 모니터가 큰 컴퓨터
③ 사용하는 용도에 맞는 컴퓨터

2 잘 듣고 O, X 하세요.

① 여자는 어제 백화점에서 컴퓨터를 샀다.
② 백화점의 물건은 비싼 대신 모두 품질이 좋다.
③ 컴퓨터는 모니터가 크다고 더 선명한 것은 아니다.

3 잘 듣고 빈칸에 쓰세요.

마 리: 루이 씨, 컴퓨터에 대해 잘 알지요? 제가 어제 백화점에 컴퓨터를 사러 갔다가 그냥 왔거든요.
루 이: 백화점에서 컴퓨터를 산다고요?
마 리: 그럼 안 돼요? 백화점이 비싸기는 하지만 품질이 좋잖아요.
루 이: _____ 다 품질이 좋은 것은 아니에요. 게다가 컴퓨터는 비싸다고 해서 다 _____.

마 리: 그래요? 그럼 어떤 컴퓨터가 좋은 컴퓨터예요?
루 이: 마리 씨가 컴퓨터를 사용하는 용도에 맞는 것이 좋은 컴퓨터예요.
마 리: 저는 모니터가 크면 좋겠어요. 그럼 모니터 화면이 더 선명하잖아요.
루 이: 모니터가 _____ 다 _____. 화소가 중요해요.
마 리: 그래요? 루이 씨에게 물어보길 잘했네요. 저 좀 도와주세요.

단어를 공부하세요

| 용도 | 맞다 | 모니터 | 화면 | 선명하다 |

| 화소 | 중요하다 | 청동기 | 부족 | 건국하다 |

| 삼국유사 | 단군왕검 | 하늘나라 | 왕자 | 곰 |

한국 문화 배우기 [한국의 역사 ① - 고조선]

한국에 처음 생긴 나라는 고조선이다. 청동기 문화가 생기면서 한반도에는 여러 부족이 생겼다. 이 부족들이 하나가 되어 건국한 나라가 고조선이다. 고조선은 기원전 2333년(BC 2333년)에 건국되었다. 이것을 기념하는 날이 10월 3일 개천절이다
고조선을 세운 사람은 '단군왕검'이라고 한다. 단군왕검이 태어난 이야기가 '단군신화'이다. 하늘나라의 왕자인 '환웅'이 아름다운 인간 세상에 살고 싶어서 땅으로 내려온다. 환웅이 땅에서 인간들과 행복하게 사는 것을 본 곰과 호랑이는 인간이 되고 싶어 했다. 환웅은 둘에게 쑥과 마늘만 먹으면서 100일 동안 동굴에서 살라고 한다. 호랑이는 중간에 그만두지만 곰은 잘 참아서 인간 여자인 '웅녀'가 된다. 웅녀와 환웅이 결혼해서 낳은 아들이 '단군왕검'이다.

CHAPTER 38
집에 일이 있는 척하고 일찍 왔어

CHAPTER 38

🏠 문법을 배우세요

A/V-(으)ㄴ/는 척하다   사실이 아닌 거짓으로 행동할 때 사용한다. 과거는 '-(으)ㄴ/는 척했다'를 사용한다.

동사	받침 O : -는 척하다 먹다 → 먹는 척하다	받침 X : -는 척하다 오다 → 오는 척하다
형용사	받침 O : -은 척하다 작다 → 작은 척하다	받침 X, 받침 ㄹ : -ㄴ 척하다 크다 → 큰 척하다
명사	받침 O : 인 척하다 학생 → 학생인 척하다	받침 X : 인 척하다 의사 → 의사인 척하다

읽다 ⇒ _____ 맵다 ⇒ _____

웃다 ⇒ _____ 많다 ⇒ _____

가다 ⇒ _____ 비싸다 ⇒ _____

있다 ⇒ _____ 힘들다 ⇒ _____

만들다 ⇒ _____ 선생님 ⇒ _____

🪭 말해 보세요

어렸을 때 숙제하기 싫어서 — 아프다 / 힘들다 / 자다 / 숙제가 없다 — **-(으)ㄴ/는 척했어요**

🧧 대답해 보세요

① 일하기 싫을 때는 어떻게 해요? ⇒ _____ (아프다).

② 받기 싫은 전화가 오면 어떻게 해요? ⇒ _____ (바쁘다).

③ 거짓으로 행동할 때가 있어요? ⇒ _____ (자다).

④ 어머니의 음식이 맛없을 때는 어떻게 해요? ⇒ _____ (맛있다).

연습해 보세요

프엉안 : 카밀라, 지난 주말에 소개팅한 건 어땠어?
카밀라 : 나는 별로 마음에 안 들었어.
　　　　그래서 ① 집에 일이 있는 척하고 일찍 왔어.
프엉안 : 그래? 잘 됐으면 좋았을 텐데 아쉽겠다.
카밀라 : 그런데 계속 연락이 와서 짜증 나.
프엉안 : 그래? ② 싫다고 해.
카밀라 : ② 싫다고 했는데 ③ 모르는 척하면서 계속 연락해.

①	집에 일이 있다	아프다	피곤하다	바쁘다
②	싫다	연락하지 말다	안 만나겠다	시간이 없다
③	모르다	못 듣다	실수이다	할말이 있다

들어 보세요

 TRACK 38

1 여자가 심각한 문제라고 생각한 이유는 뭐예요? (　　)

① 제임스가 많이 아파서
② 제임스가 거짓말을 해서
③ 제임스가 모르는 척해서

2 잘 듣고 O, X 하세요.

① 남자는 어렸을 때 숙제하기 싫을 때는 잠을 잤다.
② 여자는 잔소리를 들으면 잘못을 고쳤다.
③ 아이들이 거짓으로 행동하는 것은 심각한 문제가 아니다.

3 잘 듣고 빈칸에 쓰세요.

폴　　: 제임스는 좀 어때요? 아직도 많이 아파요?
루　루: 제임스는 아픈 게 아니었어요. 학교에 가기 싫어서 　　　　　.
폴　　: 하하. 그랬어요? 꾀병이었네요.
루　루: 웃지 말아요. 심각한 문제예요. 제임스가 거짓말을 했잖아요.
폴　　: 괜찮아요. 나도 어렸을 때 숙제하기 싫어서 　　　　　 그랬어요. 루루 씨는 그런 적 없어요?
루　루: 아… 저도 잔소리를 들으면 　　　　　 그랬어요.

폴 : 그래요. 아이들은 다들 조금씩 거짓으로 행동하기도 해요. 심각한 문제는 아니니까 걱정하지 말아요. 그냥 ⬚⬚⬚⬚⬚.

루루 : 듣고 보니 ⬚⬚⬚⬚⬚ 않는 게 나을 수도 있겠네요.

단어를 공부하세요

| 할말 | 꾀병 | 심각하다 | 잔소리 | 거짓 |

더 배워 보세요

* 'V-(으)ㄴ/는 척하다'의 시제는 말하는 시간에 따라, 말하는 시간과 행동하는 시간의 동일성에 따라 달라진다.

	말하는 시간 (과거)	말하는 시간 (현재)
행동할 때 = 말할 때	-는 척했어요 * (어제) 숙제를 하기 싫어서 　(어제) 자는 척했어요.	-는 척해요 * (지금) 숙제를 하기 싫어서 　(지금) 자는 척해요.
행동할 때 > 말할 때	-(으)ㄴ 척했어요 * (어제) 숙제를 하기 싫어서 　(그 전날) 술을 마신 척했어요.	-(으)ㄴ 척해요 * (지금) 술을 마시기 싫어서 　(어제) 술을 마신 척해요.

CHAPTER 39
어려워도 계속 읽다 보면 이해할 수 있을 거예요

CHAPTER 39

🏛 문법을 배우세요

V-다 보면

어떤 행동을 계속하거나 반복하면 뒤 문장의 상황이 될 때 사용한다. 뒤 문장에 '-을 수 있다', '-을 것이다' 등 추측 표현을 자주 쓴다.

동사	받침 O : -다 보면	받침 X : -다 보면
	먹다 → 먹다 보면 듣다 → 듣다 보면	배우다 → 배우다 보면 일하다 → 일하다 보면

가다 ⇒ _____ 뛰다 ⇒ _____

만들다 ⇒ _____ 웃다 ⇒ _____

앉다 ⇒ _____ 사다 ⇒ _____

다니다 ⇒ _____ 청소하다 ⇒ _____

입다 ⇒ _____ 이야기하다 ⇒ _____

🪭 말해 보세요

계속 연습하다   잘하게 될 거예요
계속 먹다   잘 먹을 수 있을 거예요
여러 번 만나다   -다 보면   좋아질 수도 있어요
자주 이야기하다   서로 이해할 수 있을 거예요

🧠 대답해 보세요

① 요리를 잘 못 하는데 어떻게 해요? ⇒ _____ (계속 연습하다).

② 한국 생활이 아직 익숙하지 않아요. ⇒ _____ (살다).

③ 분리수거를 하는 게 너무 어려워요. ⇒ _____ (하다).

④ 어떻게 하면 발음이 좋아질까요? ⇒ _____ (연습하다).

어려워도 계속 읽다 보면 이해할 수 있을 거예요

연습해 보세요

지　은 : 마리 씨, 이 ① 책을 읽어 볼래요?
마　리 : 그 ① 책은 ② 어렵지 않을까요?
지　은 : ② 어려워도 ① 읽다 보면 ③ 재미있을 거예요.
마　리 : 그래요? ② 어려울 것 같은데.
지　은 : ① 읽으면서 ④ 공부하다 보면 ③ 재미있어질 거예요.
마　리 : 그래요. ① 읽어 볼게요.
　　　　지은 씨 말을 듣다 보면 다 괜찮을 것 같아요.

①	책- 읽다	음식 - 먹다	드라마 - 보다	향수 - 쓰다
②	어렵다	맵다	복잡하다	어색하다
③	재미있다	맛있다	이해할 수 있다	향기가 좋다
④	공부하다	맛을 느끼다	생각하다	익숙해지다

들어 보세요

TRACK 39

1 다른 사람을 이해하려면 어떻게 해야 해요? (　　　)

① 그 사람과 이야기해야 한다.
② 그 사람과 만나야 한다.
③ 그 사람의 기분을 생각해야 한다.

2 잘 듣고 O, X 하세요.

① 남자는 처음보다 회사에 익숙해졌다.
② 남자는 여자의 말을 듣고 열심히 일했다.
③ 남자는 여자를 이해하기 위해 여자의 기분을 많이 생각했다.

3 잘 듣고 빈칸에 쓰세요.

지　은: 히로 씨, 요즘 어때요? 회사에 적응이 됐어요?
히　로: 아, 팀장님, 아직 　　　　　　 그래도 처음보다 적응이 됐습니다.
지　은: 그래요? 다행이에요.
히　로: 팀장님 덕분이에요. 열심히 　　　　　　 익숙해질 거라고 말씀해주셔서 큰 도움이 됐습니다.
　　　　앞으로도 열심히 하겠습니다.

지 은: 그래요. 일은 _____ 익숙해지고 더 잘할 수 있을 거예요.
그리고 사람도 자주 _____ 더 가까워지고 친해질 수 있어요.
히 로: 팀장님과 _____ 마음이 편해집니다.
어떻게 하면 팀장님처럼 다른 사람의 마음을 이해할 수 있을까요?
지 은: 다른 사람의 마음을 _____ 그 마음을 이해할 수 있을 거예요.

단어를 공부하세요

| 복잡하다 | 어색하다 | 적응 | 기분 | 멸망하다 |

| 이때 | 무역 | 문화 | 만주 지방 | 영토 |

| 넓히다 | 전쟁 | 통일하다 |

한국 문화 배우기 [한국의 역사 ② - 삼국 시대]

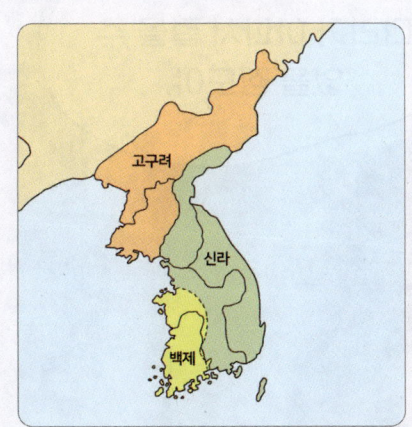

고조선이 멸망한 후 고구려, 백제, 신라 세 나라가 생겼다. 이때를 삼국 시대라고 한다.
백제는 기원전 18년에 한반도 남서쪽에 건국된 나라이다. 4세기에는 중국, 일본과 무역을 하면서 문화가 아주 발전했다. 고구려는 기원전 37년에 한반도 북쪽과 만주 지방에 건국된 나라이다. 5세기에 영토를 크게 넓혀서 5세기의 고구려는 한국 역사상 영토가 가장 넓은 나라이다. 신라는 기원전 57년에 한반도 남동쪽에 건국된 나라이다. 삼국 중 가장 늦게 발전한 나라이다. 700년간의 전쟁 끝에 신라가 세 나라를 통일하면서 삼국 시대가 끝난다.

CHAPTER 40
다리가 아파서 걸을 수 없을 정도야

CHAPTER 40

문법을 배우세요

A/V-(으)ㄹ 정도로/정도이다   상황이나 상태를 다른 것에 비유해서 설명할 때 사용한다.

	받침 O : -을 정도로/정도이다	받침 X, 받침 ㄹ : -ㄹ 정도로/정도이다
동사	먹다 → 먹을 정도로 읽다 → 읽을 정도이다	오다 → 올 정도로 만들다 → 만들 정도이다
형용사	작다 → 작을 정도로 많다 → 많을 정도이다	크다 → 클 정도로 힘들다 → 힘들 정도이다

읽다 ⇒ _____   맵다 ⇒ _____
웃다 ⇒ _____   많다 ⇒ _____
가다 ⇒ _____   비싸다 ⇒ _____
사다 ⇒ _____   멀다 ⇒ _____
만들다 ⇒ _____   시원하다 ⇒ _____

말해 보세요

밥을 못 먹다 ─────────┐   ┌───────── 배가 아파요
못 걷다 ──────────── -(으)ㄹ ──── 다리가 아파요
눈을 뜰 수 없다 ────────┘ 정도로 └───────── 졸려요

너무 피곤해서 쓰러지다 ────────┐
너무 배가 고파서 뭐든지 먹을 수 있다 ── -(으)ㄹ
비가 너무 많이 와서 우산이 필요 없다 ── 정도예요

'-(으)ㄹ 정도로'를 사용해 알맞은 문장을 연결해 보세요

① 사진만 봐도 웃음이 나다 ·   · 무서운 영화였어요.

② 생각만 해도 침을 삼키다 ·   · 피곤해요

③ 보면서 계속 소리를 지르다 ·   · 그 사람을 사랑해요

④ 손가락 하나 움직일 수 없다 ·   · 그 음식은 맛있어요

연습해 보세요

프엉안 : 카밀라, 괜찮아? 많이 아파?
카밀라 : 응. ① 다리가 아파서 ② 걸을 수 없을 정도야.
프엉안 : 왜 그렇게 아픈 거야?
카밀라 : 어제 ③ 오래 운동해서 그런 것 같아.
프엉안 : 그래? 얼마나 ③ 오래 운동을 했어?
카밀라 : ④ 트레이너가 말릴 정도로 ③ 오래 운동했어.

①	다리가 아프다	목이 아프다	손이 아프다	허리가 아프다
②	걷다	말하다	움직이다	앉다
③	오래 운동하다	소리를 지르다	게임을 하다	무거운 짐을 옮기다
④	트레이너가 말리다	아랫집에서 항의하다	컴퓨터가 고장나다	혼자서 들 수 없다

들어 보세요

1 여자에 대해 설명한 것 중 알맞은 것을 모두 고르세요. ( )

① 여자는 고향에 가고 싶어 한다.
② 여자는 얼마 전에 고향에 다녀 왔다.
③ 여자는 요즘 아주 바빠서 시간이 없다.

2 잘 듣고 O, X 하세요.

① 남자는 여자의 얼굴이 좋지 않아서 걱정했다.
② 남자는 여자의 상태가 예전보다 괜찮다고 생각한다.
③ 남자는 여자에게 고향에 다녀오는 것을 권했다.

3 잘 듣고 빈칸에 쓰세요.

루 이 : 마리 씨, 요즘 무슨 일이 있어요? 안색이 안 좋아서 걱정돼요.
마 리 : 요즘 향수병에 걸린 것 같아요.
　　　　당장 비행기를 　　　　　　 고향에 가고 싶어요.
루 이 : 그래요? 갑자기 왜 그래요? 무슨 일이 있었어요?

마　리: 그냥 며칠 전부터 가족이 보고 싶어서 갑자기 _____.
루　이: 그래요? 심각한 것 같은데요. 마리 씨는 고향에 언제 다녀왔어요?
마　리: 기억이 _____ 오래전에 고향에 다녀왔어요.
루　이: 그럼 고향에 한 번 다녀오세요. 이러다가 정말 큰일 나겠어요.
마　리: 하지만 요즘 눈코 뜰 새 _____ 바빠서 시간을 낼 수 없어요.
루　이: 이런 안타깝네요.

단어를 공부하세요

| 향수병 | 당장 | 기억이 나다 | 눈코 뜰 새 없다 | 통일 신라 |

| 통일 국가 | 혼란하다 | 분리되다 | 스케줄 | 아직 |

한국 문화 배우기 [한국의 역사 ③ - 남북국 시대]

통일신라는 676년 신라가 백제와 고구려를 통일하면서 생긴 한국 최초의 통일 국가이다. 통일신라의 수도는 경주이다. 신라는 삼국을 통일한 후에 불국사, 첨성대 등을 만들면서 문화가 아주 발전했다. 그러나 200년 후 나라가 혼란해져서 후백제, 후고구려, 신라 세 나라가 분리됐다. 이때를 후삼국 시대라고 한다.
발해는 698년에 건국되었다. 고구려가 멸망한 후에 고구려 사람들이 만주에 모여서 만든 나라이다. 그래서 고구려이 문화를 많이 계승했다. 발해는 신라, 중국의 당나라와 교류하면서 발전하였다. 9세기에 가장 발전했으나 926년에 멸망했다.

CHAPTER 41
날마다 운동을 하니까 건강해질 수밖에 없지요

체첵 씨가 요즘 건강해진 것 같아요.

날마다 운동을 하니까 건강해질 수밖에 없지요.

CHAPTER 41

 ## 문법을 배우세요

A/V-(으)ㄹ 수밖에 없다   추측한 것을 다른 사람에게 물어볼 때 사용한다. 과거는 'A/V-았/었을까요?, N이었/였을까요?'를 사용한다.

	받침 O : -을 수밖에 없다	받침 X : -ㄹ 수밖에 없다
동사	먹다 → 먹을 수밖에 없다 입다 → 입을 수밖에 없다	가다 → 갈 수밖에 없다 쉬다 → 쉴 수밖에 없다
형용사	많다 → 많을 수밖에 없다 작다 → 작을 수밖에 없다	크다 → 클 수밖에 없다 싸다 → 쌀 수밖에 없다

말하다 ⇒ _____   늦다 ⇒ _____

빌리다 ⇒ _____   만나다 ⇒ _____

쓰다 ⇒ _____   듣다 ⇒ _____

사다 ⇒ _____   모르다 ⇒ _____

생각하다 ⇒ _____   참다 ⇒ _____

말해 보세요

저 가수는 노래를 잘해서 인기가 많다
이 식당은 맛있어서 손님이 줄을 서다
출퇴근 시간에는 버스가 복잡하다
첫눈이 오면 설레다
늦게 자서 늦게 일어나다

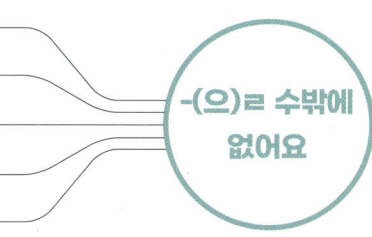

-(으)ㄹ 수밖에 없어요

대답해 보세요

① 날마다 야식을 먹으면 어떻게 될까요? ⇒ _____ (살이 찌다).

② 왜 졸업을 못했어요? ⇒ _____ (돈이 없다/포기하다).

③ 곧 시험이에요. ⇒ _____ (공부하다).

④ 왜 다리를 다쳤어요? ⇒ _____ (불이 나서 2층에서 뛰다).

날마다 운동을 하니까 건강해질 수밖에 없지요

연습해 보세요

루　루 : 체첵 씨는 요즘 ① 건강해진 것 같아요.
카밀라 : 날마다 ② 운동을 하니까 ① 건강해질 수밖에 없지요.
루　루 : 그런데 계속 ③ 바쁜 것 같아요.
카밀라 : 학교 다니면서 아르바이트까지 하니까 ③ 바쁠 수밖에 없지요.
루　루 : 그런데 왜 아르바이트를 한대요?
카밀라 : ④ 돈이 부족해서 할 수밖에 없대요.

①	건강해지다	살이 찌다	피곤해하다	다리가 붓다
②	운동하다	야식을 먹다	새벽까지 공부하다	서 있다
③	바쁘다	피곤하다	잠이 부족하다	시간이 없다
④	돈이 부족하다	가정형편이 어렵다	등록금을 마련해야 하다	용돈을 벌어야 하다

들어 보세요

TRACK 41

1 두 사람은 지금 어디에 가려고 합니까? (　　)

2 잘 듣고 O, X 하세요.

① 이 사람들이 가려고 하는 식당은 맛이 있어서 유명하다.
② 이 식당은 유명하지는 않지만 손님들이 많이 찾아온다.
③ 이 식당은 줄을 서서 기다리는 손님들이 많이 있다.

3 잘 듣고 빈칸에 쓰세요.

민　재 : 지은 씨, 지금 출발할까요?
지　은 : 네, 지금 나가면 되겠네요. 그런데 그 식당이 그렇게 유명해요?
민　재 : 네, 한 번 맛을 보면 또 _____.
지　은 : 얼마나 맛있는지 정말 궁금하네요.

민　재: 너무 맛있어서 사람들이 줄을 서서 _____.
지　은: 맛의 비결이 뭐래요?
민　재: 좋은 재료를 사용해서 _____.
지　은: 그렇군요. 어서 나가요.

단어를 공부하세요

첫눈	설레다	줄을 서다	포기하다	불이 나다	뛰다

곧	맛을 보다	맛의 비결	감상평	연기	연출

써 보세요

좋아하는 영화의 감상평을 써 보세요.

<영화 감상평 쓰기>

1) 가장 감동 깊게 본 영화는 무엇입니까?
2) 어떤 장면이 가장 인상적이었습니까?
3) 그 영화는 언제, 어떤 사람이 보면 좋을 것 같습니까?
4) 영화를 보면서 아쉬웠던 점은 무엇입니까? (내용/연기/연출)

참 즐거운 **한국어**

CHAPTER

42 아이스크림을 많이 먹는 바람에 배탈이 났어요

왜 배탈이 났어요?

아이스크림을 많이 먹는 바람에 배탈이 났어요.

CHAPTER 42

문법을 배우세요

V-는 바람에 — 앞의 행동이 뒤 상황의 원인이나 이유가 될 때 사용한다.

동사	받침 O : -는 바람에	받침 X : -는 바람에
	먹다 → 먹는 바람에 입다 → 입는 바람에	가다 → 가는 바람에 쉬다 → 쉬는 바람에

자다 ⇒ _____
오다 ⇒ _____
울다 ⇒ _____
만들다 ⇒ _____
웃다 ⇒ _____

넘어지다 ⇒ _____
듣다 ⇒ _____
찍다 ⇒ _____
취소하다 ⇒ _____
고장나다 ⇒ _____

말해 보세요

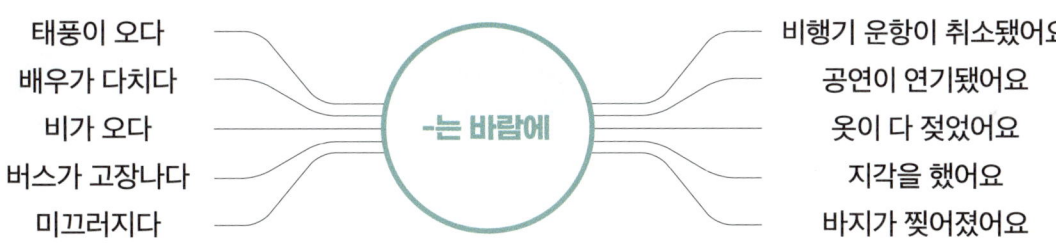

태풍이 오다
배우가 다치다
비가 오다
버스가 고장나다
미끄러지다

-는 바람에

비행기 운항이 취소됐어요
공연이 연기됐어요
옷이 다 젖었어요
지각을 했어요
바지가 찢어졌어요

대답해 보세요

1. 왜 이렇게 늦게 도착했어요? ⇒ _____ (지하철을 반대로 타다).
2. 시험 잘 봤어요? ⇒ _____ (옆집 아기가 울다).
3. 여행 잘 다녀왔어요? ⇒ _____ (태풍이 오다/호텔에만 있다).
4. 쇼핑 잘 했어요? ⇒ _____ (지갑을 잃어버리다/구경만 하다).

연습해 보세요

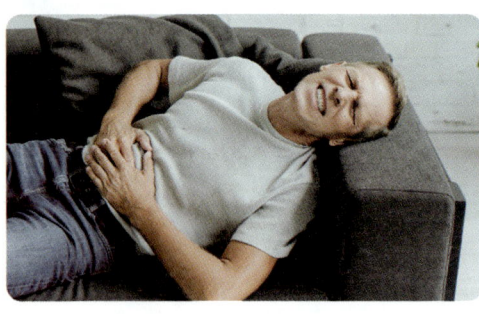

프엉안 : 롱 씨, 어디 아파요?
롱　　 : ① 배탈이 났어요.
프엉안 : 왜 ① 배탈이 났어요?
롱　　 : ② 아이스크림을 많이 먹는 바람에 ① 배탈이 났어요.
프엉안 : 조심하지 그랬어요.
프엉안 : 네, ③ 조금만 먹을 걸 그랬어요.

①	배탈이 나다	감기에 걸리다	허리가 아프다	눈이 충혈되다
②	아이스크림을 많이 먹다	비를 맞다	책상에서 엎드려 자다	가려워서 비비다
③	조금만 먹다	우산을 챙기다	침대에서 자다	안약을 넣다

들어 보세요

TRACK 42

1 루이 씨는 왜 사무실에 걸어서 올라갔습니까? (　　)

① 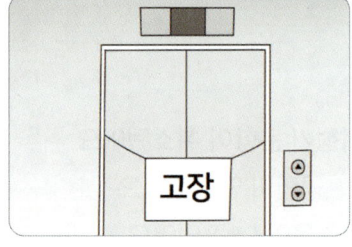　　② 　　③

2 잘 듣고 O, X 하세요.

① 루이 씨의 사무실은 7층에 있다.
② 루이 씨는 운동을 하려고 계단으로 걸어 올라왔다.
③ 루이 씨는 지난번에 지각해서 부장님한테 혼이 났다.

3 잘 듣고 빈칸에 쓰세요.

마　리 : 루이 씨, 힘들어 보여요. 무슨 일이 있어요?
루　이 : 네, 엘리베이터가 　　　　　　 1층에서부터 걸어서 올라왔어요.
마　리 : 아, 정말요?
루　이 : 네, 지각하지 않으려고 뛰었어요. 지난번에 　　　　　　 부장님한테 꾸중을 들었거든요.

마 리: 고생하셨어요.
루 이: 그런데 너무 힘들어요. 7층 계단을 걸어서 _____ 기운이 다 빠졌어요.
마 리: 커피 한 잔 드세요.

단어를 공부하세요

| 다치다 | 운항 | 미끄러지다 | 찢어지다 | 꾸중을 듣다 |

| 고생하다 | 기운이 빠지다 | 혼이 나다 | 아라비아 | 여러 나라 |

| 의미하다 | 상인 | 부르다 | 세력 |

한국 문화 배우기 [한국의 역사 ④ - 고려 시대]

고려는 918년 충청 지역에서 왕건이 건국했다. 그리고 왕건은 935년에 신라와 후백제를 멸망시키고 후삼국을 통일했다.

고려는 고구려, 백제, 신라 등 삼국의 문화를 모두 받아들여서 완전한 통일을 이루려고 노력했다.

고려의 수도는 개성이었다. 고려는 중국과 아라비아 등 여러 나라와 무역을 했다. 현재 한국을 의미하는 영어 이름 'korea'는 아라비아 상인들이 고려를 부르던 이름이다.

고려의 종교는 불교였다. 매년 불교 행사가 많이 있었다.

고려는 건국된 후 500년 동안 발전했으나 1392년에 조선을 건국한 세력에 의해 멸망했다.

CHAPTER 43
아이들은 싸우기 마련이에요

CHAPTER 43

문법을 배우세요

A/V-기 마련이다

어떤 일의 결과가 당연하다고 말할 때 사용한다. '-게 마련이다'로 사용할 수도 있다. 일반적인 사실에 주로 사용한다.

동사	받침 O : -기 마련이다	받침 X : -기 마련이다
	먹다 → 먹기 마련이다	오다 → 오기 마련이다
형용사	덥다 → 덥기 마련이다	편하다 → 편하기 마련이다

읽다 ⇒ _____   맵다 ⇒ _____

웃다 ⇒ _____   많다 ⇒ _____

가다 ⇒ _____   비싸다 ⇒ _____

사다 ⇒ _____   힘들다 ⇒ _____

만들다 ⇒ _____   시원하다 ⇒ _____

말해 보세요

서두르면 실수하다
아기들은 자주 울다
쉽게 얻은 것은 쉽게 잃다
처음 만난 사람은 낯설다
외국어를 배우는 일은 어렵다
아이스크림을 많이 먹으면 배가 아프다

-기 마련이에요

'-기 마련이다'를 사용해 알맞은 문장을 만들어 보세요

① 아이들은 시간이 지나면 ·   · 집안일이 능숙해지다

② 몸이 아프다 ·   · 예민해지다

③ 외국에 살면 ·   · 성숙해지다

④ 자취를 하면 ·   · 그 나라 문화를 배우다

아이들은 싸우기 마련이에요

연습해 보세요

지　은 : 루루 씨, 고민이 있어요?
루　루 : 요즘 소피아와 제임스가 자주 ① 싸워요.
　　　　 어떻게 해야 하죠?
지　은 : 아이들은 ① 싸우기 마련이에요.
　　　　 너무 ② 스트레스 받지 마세요.
루　루 : 그렇기는 하지만 계속 ③ 신경이 쓰이네요.
지　은 : 아이들 일은 ③ 신경이 쓰이기 마련이지요.

①	싸우다	아프다	반항하다	말을 안 듣다
②	스트레스 받다	힘들어하다	화를 내다	예민해지다
③	신경이 쓰이다	걱정이 되다	생각이 나다	마음이 쓰이다

들어 보세요

TRACK 43

1 남자는 히로와 체첵이 왜 싸울 줄 몰랐다고 했어요? (　　)

① 두 사람이 사이가 좋아서
② 두 사람이 오랫동안 사귀어서
③ 두 사람이 바빠서 만날 시간이 없어서

2 잘 듣고 O, X 하세요.

① 여자는 연인끼리는 절대 싸우지 않는다고 생각한다.
② 남자는 신입 사원 때는 바쁜 것이 당연하다고 생각한다.
③ 남자는 바쁘면 여자친구에게 연락을 안 할 것이다.

3 잘 듣고 빈칸에 쓰세요.

프엉안 : 롱, 그 얘기 들었어? 히로 씨와 체첵 씨가 싸웠대.
롱　　 : 정말? 두 사람 사이가 좋았잖아. 두 사람이 싸울 줄은 몰랐어.
프엉안 : 연인끼리 사귀다 보면 　　　　　.
롱　　 : 왜 싸운 거야?
프엉안 : 히로 씨가 취업한 후로 너무 바빠서 연락이 잘 안 됐나 봐.
롱　　 : 신입 사원 때는 　　　　　. 바쁘면 연락 　　　　　.
프엉안 : 아무리 바빠도 연락을 못 하면 안 되지. 바빠도 연락은 해야지.

롱   : 연락하려고 하다가도 정신이 없으면 _____.
프엉안 : 그렇다고 여자친구한테 연락을 안 하는 게 당연해? 너도 그럴거야?
롱   : 아니야… 절대 내가 그럴 거라는 게 아니야. 내가 잘못했어. 화내지 마.

단어를 공부하세요

| 신경이 쓰이다 | 예민해지다 | 마음이 쓰이다 | N끼리 | 신입 사원 |

| 당연하다 | 중요하다 | 유교 | 충성 | 효도 |

| 백성 | 생각하다 | 농사 | 침략을 받다 | 피해를 받다 |

| 이겨내다 | 대한제국 | 개혁하다 | 식민지 | |

한국 문화 배우기 [한국의 역사 ⑤ - 조선 시대]

조선은 1392년 이성계가 고려를 멸망시키고 건국한 나라이다. 조선의 수도는 한양(현재의 서울)이다. 조선은 유교와 농사를 중요하게 생각한 나라이다. 그래서 나라에 대한 충성과 부모에 대한 효도를 중요하게 생각했다. 지금도 한국 사람들은 효도를 중요하게 생각한다. 조선의 네 번째 왕인 세종대왕은 백성을 위하여 한글을 만들었다. 16세기 말에는 일본의 침략을 받고 17세기에는 중국의 침략을 받았다. 전쟁으로 피해를 받았지만 이겨낸 후 조선 후기에는 문화가 발달하였다.
19세기 말에 조선은 이름을 대한제국으로 바꾸고 나라를 개혁하려고 했다. 그러나 힘이 약해서 일본의 식민지가 되었다.

CHAPTER 44 새 프로젝트가 시작됐으니 야근을 할 게 뻔해요

CHAPTER 44

🏛 문법을 배우세요

A/V-(으)ㄹ 게 뻔하다

어떤 이유로 예상되는 결과를 확신할 때 사용한다. 과거의 일을 예상할 때는 '-았/었을 게 뻔하다'를 사용한다.

	받침 O : -을 게 뻔하다	받침 X, 받침 ㄹ: -ㄹ 게 뻔하다
동사	먹다 → 먹을 게 뻔하다 읽다 → 읽을 게 뻔하다	오다 → 올 게 뻔하다 만들다 → 만들 게 뻔하다
형용사	작다 → 작을 게 뻔하다 많다 → 많을 게 뻔하다	크다 → 클 게 뻔하다 힘들다 → 힘들 게 뻔하다
	받침 O : 일 게 뻔하다	받침 X : 일 게 뻔하다
명사	학생 → 학생일 게 뻔하다	의사 → 의사일 게 뻔하다

읽다 ⇒ _____
웃다 ⇒ _____
사다 ⇒ _____
만들다 ⇒ _____

맵다 ⇒ _____
많다 ⇒ _____
멀다 ⇒ _____
시원하다 ⇒ _____

🪭 말해 보세요

전화를 안 받는 걸 보니까
눈이 충혈된 걸 보니
연락을 안 하는 걸 보니
처음 듣는 영화인 걸 보니
도와준다고 해도 부담스러워서

자다
밤새 게임을 했다
화가 났다
재미없다
거절하다

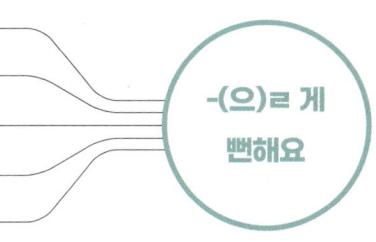
-(으)ㄹ 게 뻔해요

🌸 대답해 보세요

① 게임을 오래 하면 눈이 나빠지겠죠. ⇒ _____

② 공부를 안 하면 점수가 나쁘겠죠. ⇒ _____

③ 밤을 새우면 피곤할까요? ⇒ _____

④ 한국 소설책을 읽는 건 어려울까요? ⇒ _____

연습해 보세요

마 리 : 팀장님, 앞으로 바빠지겠죠?
지 은 : 아무래도 그렇지요. 새 프로젝트가 시작됐으니
        한동안 ① 야근을 할 게 뻔해요.
마 리 : 그렇군요. 다음 주에 ② 헬스장에 가려고 했는데
        ③ 못 갈 게 뻔하니까 미뤄야겠어요.
지 은 : 그게 좋을 것 같아요.

①	야근을 하다	일이 많다	추가 근무를 하다	정신이 없다
②	헬스장에 가다	피아노를 배우다	친구를 만나다	파티를 하다
③	못 가다	연습을 못 하다	약속을 못 지키다	준비를 못 하다

들어 보세요

 TRACK 44

1 두 사람은 무엇 때문에 곤란해하고 있어요? (   )

① 발표할 사람이 학교에 오지 않아서
② 발표할 때 사용할 PPT를 못 받아서
③ 발표 시간에 지각해서 발표를 못 해서

2 잘 듣고 O, X 하세요.

① 여자는 왕유가 자고 있을 거라고 생각한다.
② 남자는 PPT 자료가 있어야 발표를 잘할 수 있다.
③ 왕유는 자료를 다 만든 후에 두 사람에게 전화했다.

3 잘 듣고 빈칸에 쓰세요.

롱   : 프엉안, PPT를 만든 왕유가 아직도 전화를 안 받아?
프엉안 : 응. 아침부터 계속 전화를 안 받는 걸 보니까   .
롱   : 어떡하지? 발표할 때 PPT 자료가 없으면 나는   .
프엉안 : 게다가 PPT 없이 발표하면 점수가   꼭 필요해.

롱   : 어제 자료는 거의 다 만들었다고 했지?
프엉안 : 그렇지만 이렇게 연락이 없는 걸 보니까 _____.
롱   : 아니야. 어쩌면 다 만들어 놓고 잤을 수도 있어. 혹시 모르니까 메일 확인해 보자. 메일로 보냈을지도 모르잖아.
프엉안 : 메일을 _____ 그래도 확인해 볼게. 어? 메일이 있어.
롱   : 그래? 정말 다행이야.

단어를 공부하세요

| 거짓말하다 | PPT | 자료 | 혹시 모르니까 | 확인하다 | 자원 |

| 빼앗다 | 원하다 | 독립운동 | 2차 세계대전 | 지다 | 항복하다 |

한국 문화 배우기 [한국의 역사 ⑥ - 일제 강점기]

19세기는 제국주의와 서구 열강이 세력을 확장하며 군사력이 강한 나라가 군사력이 약한 나라를 침략하던 시기였다. 조선은 이러한 위기 속에서 나라를 지키기 위해 국호를 대한제국으로 바꾸고 개혁을 시도했으나 끝내 성공하지 못했다. 1910년, 대한제국은 일본의 식민지가 되었다.
일본의 식민지가 된 후, 일본은 한국에서 쌀과 자원 등 많은 것을 빼앗았다. 이에 한국 사람들은 독립을 위해 싸웠고, 많은 이들이 독립운동을 하다가 감옥에 갇히기도 했다. 1919년 3월 1일에는 전국적으로 독립 만세 운동이 일어났고, 이를 기념하는 날이 3·1절이다.
그 후 제2차 세계대전에서 패배한 일본은 항복하였고, 결국 한국은 1945년 8월 15일에 독립을 맞이했다. 이를 기념하는 날이 광복절이다.

CHAPTER 45
카밀라가 설명해 준 대로 하니까 할 만해

CHAPTER 45

문법을 배우세요

V-는 대로/N대로

어떤 행동이나 모양을 똑같이 할 때 사용한다. 앞 문장의 시간이 뒤 문장보다 빠를 때는 'V-(으)ㄴ 대로'를 사용한다.

동사	받침 O : -는 대로 먹다 → 먹는 대로	받침 X : -는 대로 하다 → 하는 대로
명사	받침 O : 대로 책 → 책대로	받침 X : 대로 설명서 → 설명서대로

읽다 ⇒ _____   보다 ⇒ _____

웃다 ⇒ _____   설명하다 ⇒ _____

가다 ⇒ _____   말하다 ⇒ _____

사다 ⇒ _____   계약서 ⇒ _____

만들다 ⇒ _____   마음 ⇒ _____

말해 보세요

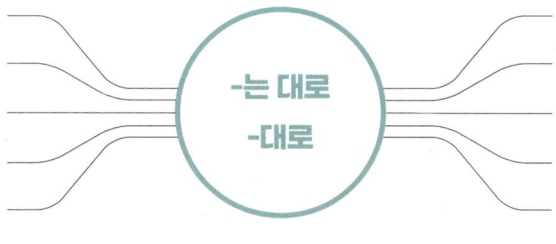

선생님이 하다
한국 사람이 발음하다
어제 가르쳐 주다
어릴 때는 하고 싶은 일을 마음
전자제품을 처음 샀을 때 설명서

-는 대로
-대로

따라 했어요
발음했어요
문제를 푸세요
할 수 있었어요
사용하면 돼요

대답해 보세요

① 어릴 때 부모님이 시키는 대로 했어요? ⇒ 네, _____

② 일할 때 정해진 순서대로 해요? ⇒ 네, _____

③ 여행할 때 계획한 대로 여행해요? ⇒ 아니요. _____

④ 살면서 가장 마음대로 한 일이 뭐예요? ⇒ _____ (마음)

카밀라가 설명해 준 대로하니까 할 만해

연습해 보세요

프엉안 : 체첵, ① 요리를 하고 있어?
체 첵 : 응, ② 요리책을 보고 ② 요리책대로 하고 있어.
프엉안 : 난 ② 요리책대로 하는 게 어렵던데.
체 첵 : 나도 어려워서 카밀라에게 물어봤어.
　　　　 카밀라가 ③ 설명해 준 대로 하니까 할 만해.
프엉안 : 카밀라는 ① 요리를 잘하니까 도움이 되겠다.
　　　　 나도 카밀라에게 물어보고 ① 요리를 해야겠다.

①	요리를 하다	스트레칭을 하다	블록을 조립하다	뜨개질을 하다
②	요리책	동영상	사용 설명서	유튜브
③	설명해 주다	가르쳐 주다	말하다	이야기하다

들어 보세요　　　　　　　　　　　　　　　　　　TRACK 45

1 여자가 힘들어 하는 이유를 모두 고르세요. (　　　)

① 일이 계획한 것과 달라져서
② 팀원들이 한국어를 잘 못 해서
③ 외국인 팀원들과 문화 차이가 있어서

2 잘 듣고 O, X 하세요.

① 여자는 팀장이 된 후로 회사 일이 바빠졌다.
② 한국어를 잘하는 외국인은 한국인과 생각이 비슷하다.
③ 여자가 말하는 대로 하면 여자가 원한 결과가 나온다.

3 잘 듣고 빈칸에 쓰세요.

민　재 : 지은 씨, 요즘 회사 일은 어때요? 팀장이 된 후로 바쁘죠?
지　은 : 제 생각보다 더 바쁘네요. 일도 　　　　　　 되지 않아서 힘들어요.
민　재 : 　　　　　　 다 되면 얼마나 좋겠어요. 뭐가 제일 힘들어요?
지　은 : 다른 것보다 팀원들과 의사소통하는 게 힘들어요. 외국인들도 있으니까 제가 　　　　　　 되지 않아요.
민　재 : 하긴 그렇겠네요. 아무리 한국어를 잘해도 한국인의 생각과는 다르죠.
지　은 : 맞아요. 한국어를 잘해도 문화 차이가 있어요.
　　　　 제가 　　　　　　 했다고 하는데 제가 원한 결과와 다를 때가 있어요.
민　재 : 서로의 표현 방법에 익숙해지면 더 나아질 거예요.
지　은 : 민재 씨 　　　　　　 되면 좋겠네요.

단어를 공부하세요

| 의사소통하다 | 문화 차이 | 결과 | 표현 방법 | 분단되다 |

| 38도 선 | 소련 | 군대 | 침략하다 | 한국 전쟁 |

| 계속되다 | 휴전하다 | 시설 | 파괴되다 | 경제 |

| 성장하다 | 반도체 | 무역 대국 | 선진국 | |

한국 문화 배우기 [한국의 역사 ⑦ - 한국 전쟁과 대한민국의 발전]

일본으로부터 독립한 후에 한국은 한국인들의 뜻과 관계없이 두 개의 나라로 분단됐다. 38도 선 북쪽은 소련이, 남쪽은 미국이 군대를 보내서 두 개의 나라를 만들었다. 1950년 6월 25일 새벽에 북한의 군대가 남한을 침략했다. 한국에서는 6·25 전쟁이라고 부르는 한국 전쟁이 시작되었다. 한국 전쟁은 3년 동안 계속되다가 1953년 7월 27일 휴전했다.

전쟁 후 한국은 나라의 시설이 대부분 파괴되었다. 그러나 한국인들은 국가의 발전을 위해 열심히 노력했다. 1970년대부터는 빠르게 경제가 성장했다. 현재 한국은 반도체, 자동차, 휴대폰 등을 수출하는 무역 대국이며 세계에서 10위 안에 드는 선진국이 되었다.

부록
APPENDIX

듣기 지문
모범 답안
불규칙과 탈락
어휘 구성표

 **LISTENING SCRIPTS**

1과 🔘 TRACK 1 P. 16

제임스 : 엄마, 뭘 보고 계세요?
루 루 : 한글날 기념식을 보고 있어.
제임스 : 아, 오늘이 한글날이죠. 근데 한글날은 왜 있어요?
루 루 : 한글날은 한글이 만들어진 것을 기념하는 날이야. 국경일로 정해졌어.
제임스 : 한글이 만들어졌어요? 글자를 만들 수도 있어요?
루 루 : 그래. 한국의 예전 왕인 세종대왕께서 한자가 어려워서 사람들이 글자를 읽고 쓰지 못하니까 쉽게 사용할 수 있는 글자를 만드셨어.
제임스 : 우와! 진짜 멋있어요. 세종대왕은 알아요. 만 원에 그려져 있는 분이죠. 그리고 한국의 과학을 발전시킨 것으로 알려진 왕이죠.
루 루 : 어머! 제임스, 세종대왕에 대해 잘 아는구나. 공부했어?
제임스 : 아니요, 제가 자주 하는 게임에 나오거든요.

2과 🔘 TRACK 2 P. 20

지은 : 이제 연휴가 얼마 안 남았네요.
마리 : 정말 그렇네요. 연휴가 너무 기다려져요.
지은 : 올해는 연휴가 기네요. 연휴에 고향에 갈 거예요?
마리 : 아니요. 고향에 가는 대신에 일을 할 거예요.
지은 : 그런데 왜 연휴가 기다려져요? 싫지 않아요?
마리 : 저는 복잡하고 시끄러운 것보다 한적하게 일하는 것이 더 좋아요.
지은 : 연휴 기간 내내 출근하는 거예요?
마리 : 네. 하지만 일하는 대신 추가 수당도 받고 여유롭게 사무실을 사용할 수 있어서 그렇게 싫지는 않아요.
지은 : 저는 연휴 끝나기 전에 집에 오니까 심심하면 연락하세요.

3과 🔘 TRACK 3 P. 24

프엉안 : 오늘 저녁 7시, 잊지 않았죠?
롱   : 네? 오늘 우리가 만나기로 했어요?
프엉안 : 같이 카밀라 씨 생일 선물을 사기로 했잖아요.
롱   : 아, 오늘이군요. 미안해요. 어디에서 만날까요?
프엉안 : 을지로입구역 1번 출구 앞 어때요?
롱   : 제가 오후에 강남역에서 약속이 있어요. 강남역은 어때요?
프엉안 : 듣고 보니 강남역도 좋은 것 같아요. 강남역에서 만나요.
롱   : 좋아요. 그럼 먼저 선물을 사고 같이 갈비를 먹을까요? 프엉안 씨, 갈비를 좋아하잖아요.
프엉안 : 제가 갈비 좋아하는 걸 어떻게 알았어요?
롱   : 전에 말했잖아요.
프엉안 : 아 그렇군요. 알겠어요.

4과 🔘 TRACK 4 P. 28

체첵 : 뭐해요? 아직도 발표 준비를 다 못했어요?
히로 : 네. 몇 시간째 하고 있는데 아직이에요.
체첵 : 저녁도 안 먹었는데 배고프지 않아요?
히로 : 체첵 씨 말을 들으니까 갑자기 허기져서 쓰러질 것 같아요. 라면이라도 먹어야겠어요.
체첵 : 점심에도 라면 먹지 않았어요? 도시락이라도 사다 줄까요?
히로 : 고마워요. 그럼 같이 먹을래요?
체첵 : 난 아까 친구들하고 저녁을 먹었어요. 히로 씨가 식사하는 동안 차라도 좀 마셔야겠어요.
히로 : 선물 받은 홍차가 있는데 내가 끓여 줄게요.
체첵 : 홍차 좋지요. 그럼 도시락을 사 올 동안이라도 좀 쉬고 있어요.

5과 🔘 TRACK 5 P. 32

방송 : 행정실에서 알려 드립니다. 다음 주부터 기숙사 정기 소독을 실시합니다. 한 방도 빠짐없이 소독에 참여하도록 하십시오. 정기 소독은 오전 9시부터 오후 6시까지 진행됩니다.
이번 소독은 기숙사 직원들과 방역 업체 직원이 기숙사 내부에 직접 출입합니다. 소독에 사용되는 약은 인체나 물건에 해가 없습니다. 개인 물품과 귀중품은 개인이 잘 보관하도록 하십시오. 소독하는 동안 방에 머물러도 되지만 시간 조정은 불가능합니다. 불가피하게 소독을 못 하는 방은 미리 행정실에 연락을 하도록 하십시오. 감사합니다.

6과 🔘 TRACK 6 P. 36

루루 : 요즘 소피아 키가 많이 컸어요. 처음 학교에 갔을 때는 반에서 제일 작더니 요즘은 제일 크대요.
폴 : 키 크고 싶다고 매일 우유를 마시더니 많이 컸네요.
루루 : 제임스도 예전에는 우유를 안 마시더니 요즘은 매일 마셔요. 소피아처럼 우유를 마시고 키가 크고 싶대요.
폴 : 제임스는 지금도 반에서 꽤 큰 편이잖아요.
루루 : 그렇지만 더 크고 싶대요.
폴 : 하긴 그래서 그런지 제임스가 요즘 운동도 열심히 해요. 전에는 운동하러 가자고 하면 거절하더니 요즘은 항상 따라와요.
루루 : 잘됐네요.

7과 🔘 TRACK 7 P. 40

민재 : 주말에 부모님 댁에 다녀와야겠어요.
지은 : 부모님 댁에요? 무슨 일이 있어요?
민재 : 아버지가 일을 하다가 다치셨대요.
지은 : 어머? 많이 다치셨대요? 어디를 다치셨대요?
민재 : 많이 다친 건 아닌 것 같아요. 짐을 옮기시다가 허리를 조금 삐었대요.
지은 : 그래요? 나는 주말에 병원에 가 봐야 할 것 같은데…

민재 : 왜요? 무슨 일이 있어요?
지은 : 남동생이 축구 경기를 하다가 뼈에 금이 가서 입원을 했대요.
민재 : 이런… 그럼 병원에 갔다가 부모님 댁에 갈까요?
지은 : 그래요.

8과 TRACK 8 P. 44

롱　　 : 프엉안 씨, 팔을 다쳐서 깁스를 했다고 들었어요. 괜찮아요?
프엉안 : 오른팔에 깁스를 해서 생활하기가 좀 불편해요.
롱　　 : 어쩌다가 팔을 다쳤어요?
프엉안 : 제가 라면을 끓이다가 냄비를 떨어뜨렸어요. 뜨거운 라면 국물이 피부에 닿아서 화상을 입었어요.
롱　　 : 정말 아팠겠어요.
프엉안 : 카밀라 씨가 제 손을 차가운 물로 씻겨 줬어요. 그리고 카밀라 씨가 얼음을 얼려서 그걸로 손을 식혀 줬어요.
롱　　 : 카밀라 씨가 옆에 있어서 정말 다행이네요.

9과 TRACK 9 P. 48

루 루 : 의사 선생님, 저희 강아지가 계속 토하고 힘이 없어요.
수의사 : 강아지가 뭘 잘못 먹었어요?
루 루 : 아이가 강아지에게 초콜릿을 먹였대요.
수의사 : 일단 강아지를 진찰대에 눕히세요. 많이 먹었어요?
루 루 : 많이 먹이지는 않았어요. 초콜릿이 맛있어서 조금 줬대요. 강아지가 토해서 아이도 많이 놀랐어요.
수의사 : 다행히 초콜릿은 다 토한 것 같아요. 강아지에게 초콜릿을 먹이면 안 돼요. 아이에게 그걸 꼭 알려 주세요.
루 루 : 네, 알겠어요. 감사합니다. 선생님.

10과 TRACK 10 P. 52

폴　　 : 고마워요, 프엉안 씨가 아이들을 봐 줘서 외출을 할 수 있어요.
프엉안 : 고향에서도 아이를 돌보는 아르바이트를 해 봐서 괜찮아요. 두 분이 외출하시는 동안 제가 뭘 하면 될까요?
폴　　 : 저녁 8시까지는 노는 시간이니까 하고 싶은 일을 하게 하세요. 8시가 되면 제임스는 숙제를 하게 하고 소피아는 책을 읽게 하세요.
프엉안 : 제임스는 숙제, 소피아는 독서, 알겠어요.
폴　　 : 그리고 9시가 되면 제임스는 목욕을 하게 하세요. 그 후에 재우세요. 소피아는 9시 반에 씻게 한 후 침대에 가서 자게 하세요.
프엉안 : 네, 알겠어요. 걱정마세요.

11과 TRACK 11 P. 56

지은 : 어머, 밖에 비가 오네요.
루이 : 아, 정말이요? 이런, 우산을 가져올 걸 그랬어요.
지은 : 저는 일기 예보를 들어서 가져왔어요.
루이 : 저도 일기 예보를 들을 걸 그랬어요. 아침마다 일기 예보를 듣는데 오늘은 못 들었어요.
지은 : 왜 못 들었어요?
루이 : 어제 술을 마시고 늦게 잤거든요. 그래서 늦게 일어났어요. 일찍 일어날 걸 그랬어요.
지은 : 이따가 지하철 역까지 같이 쓰고 가요.

12과 TRACK 12 P. 60

프엉안 : 롱 씨, 눈이 왜 부었어요?
롱　　 : 어제 잠을 못 잤거든요.
프엉안 : 아니, 왜 잠을 못 잤어요?
롱　　 : 발표 준비 하느라고 거의 밤을 새웠거든요.
프엉안 : 아, 미리 좀 하지 그랬어요.
롱　　 : 맞아요. 제가 좀 게으른 편이거든요. 앞으로는 부지런한 생활을 해야겠어요.
프엉안 : 저는 미리 준비하는 편이에요. 미리 하지 않으면 마음이 불안하거든요.
롱　　 : 네, 저도 프엉안 씨처럼 해야겠어요.

13과 TRACK 13 P. 64

지은 : 루루 씨, 안녕하세요? 마트에 다녀오세요?
루루 : 네, 지은 씨, 제임스가 이따가 친구들을 데리고 온대요. 그래서 간식거리를 좀 사 왔어요. 세일을 하는데도 좀 비싸네요.
지은 : 학교에 간지 얼마 안 되었는데도 잘 적응하나 봐요.
루루 : 네, 유치원 다닐 때 보다 더 활발해진 것 같아요.
지은 : 제임스는 무슨 음식을 좋아해요?
루루 : 요즘은 떡볶이를 잘 먹어요. 매운데도 아주 좋아해요.
지은 : 편식하지 않고 잘 먹으니 좋네요.
루루 : 잘 먹는데도 키가 안 커서 좀 걱정이에요.

14과 TRACK 14 P. 68

카밀라 : 히로 씨, 무슨 일이 있어요?
히 로 : 네, 여자 친구가 화가 나서 아무 말도 안 해요.
카밀라 : 왜 화가 났어요?
히 로 : 여자 친구가 비밀을 아무한테도 말하지 말라고 했는데 제가 술을 마시고 친구한테 말해버렸거든요.
카밀라 : 저런, 히로 씨가 실수했네요.
히 로 : 네, 어떻게 하면 좋을지 모르겠어요.
카밀라 : 좋은 아이디어가 없을까요?
히 로 : 지금은 아무 생각도 안 나요.

15과 TRACK 15 P. 72

체책 : 롱 씨, 쉬는 시간인데 뭐 해요?
롱　 : 토픽 시험공부를 해야 돼요.

체첵 : 열심히 공부하네요.
롱　 : 그게 아니라 이번 시험에는 꼭 합격해야 해요. 이번에는 대학교에 꼭 입학해야 할 텐데 걱정이에요.
체첵 : 입학 원서를 냈어요?
롱　 : 아직이요. 시험에 합격해야 원서를 낼 수 있을 텐데 걱정이에요.
체첵 : 점수가 잘 나오려면 시험문제가 좀 쉬워야 할 텐데.
롱　 : 네, 토픽 점수가 잘 나와야 할 텐데 걱정이에요.

16과　　TRACK 16　P. 76

지은 : 다음 지원자분 들어오세요.
히로 : 안녕하십니까? 다카하시 히로입니다.
지은 : 나쁜 날씨에도 불구하고 면접에 참석해 주셔서 감사합니다. 먼저 자기소개 부탁드립니다.
히로 : 안녕하십니까? 저는 다카하시 히로입니다. 외국인인데도 불구하고 면접을 볼 수 있게 해 주셔서 감사드립니다.
저는 일본에서 대학교를 졸업한 후 한국에 와서 대학원을 다녔습니다. 외국에서 대학원을 다녔는데도 불구하고 2년 만에 학위를 땄습니다.
그것은 한국 사람과 비교해도 부족하지 않은 저의 한국어 실력 덕분입니다. 또한, 저는 영어와 중국어도 한국어처럼 능숙합니다. 감사합니다.

17과　　TRACK 17　P. 80

롱　　 : 프엉안 씨, 뭐 해요?
프엉안 : 예전에 어학원에서 같이 공부하던 친구가 이메일을 보냈어요.
롱　　 : 그래요? 어떤 내용인데요?
프엉안 : 고향에 돌아갔는데 한국이 그립대요. 자주 가던 식당의 매운 떡볶이, 더운 여름에 먹던 팥빙수, 같이 마시던 커피까지 생각난대요.
롱　　 : 맞아요. 저도 고향에 돌아가면 한국 생각이 날 것 같아요.
프엉안 : 롱 씨는 뭐가 제일 생각날 것 같아요?
롱　　 : 제가 다니던 학교와 한강에서 먹던 치킨과 맥주가 생각날 것 같아요.
프엉안 : 저는 아르바이트 하던 카페와 자주 먹던 김밥이 가장 생각날 것 같아요.

18과　　TRACK 18　P. 84

루루 : 여보, 시간 있으면 저랑 얘기 좀 해요.
폴　 : 잠깐은 괜찮아요. 아직 일을 못 끝내서 오래 이야기할 수는 없어요.
루루 : 요즘 당신이 너무 바빠서 애들하고 시간을 못 보냈잖아요. 아무리 바빠도 애들하고 같이 보내는 시간이 있었으면 좋겠어요.
폴　 : 나도 애들과 같이 보내고 싶어요. 그런데 아무리 시간을 내려고 해도 힘드네요.
루루 : 아무리 힘들어도 하루에 한 시간도 안 돼요? 아침에는 애들이 일어나기 전에 출근하고 퇴근해서도 일만 하잖아요.
폴　 : 이번 프로젝트만 끝나면 돼요. 주말에는 시간이 날 거예요.
루루 : 후... 알겠어요. 애들한테 이야기해 둘게요. 애들이 많이 서운해 해요.
폴　 : 고마워요. 애들한테 잘 말해 줘요. 주말에는 꼭 시간을 낼게요.

19과　　TRACK 19　P. 88

지은 : 히로 씨, 어때요? 일은 어렵지 않아요?
히로 : 아직은 잘 모르겠습니다.
지은 : 괜찮아요. 히로 씨가 회사에 입사한 게 2주밖에 안 됐잖아요. 일은 하면 할수록 익숙해질 거예요. 잘하고 있어요.
히로 : 감사합니다. 일에 대해서 알면 알수록 더 어려워지는 것 같습니다.
지은 : 처음에는 다 그래요. 그래도 너무 어려우면 고민하지 말고 물어보세요. 고민하면 고민할수록 더 복잡해질 때도 있어요.
히로 : 알겠습니다. 고민하는 것보다 물어보는 게 더 낫다는 말씀이시죠?
지은 : 맞아요. 히로 씨의 선배들도 다 같은 고민을 했으니까요.
히로 : 네! 열심히 물어보겠습니다.

20과　　TRACK 20　P. 92

제임스 : 누나! 누나는 초능력이 생긴다면 어떤 능력이 생기면 좋겠어?
소피아 : 초능력? 너 어제 본 영화 때문에 그렇지?
제임스 : 그건 아니야. 그래도 초능력이 있다면 뭘 할지 생각하면 재미있잖아.
나는 초능력이 생긴다면 하늘을 날 수 있고 힘이 세지면 좋겠어.
소피아 : 하늘을 날 수 있고 힘이 세지면 영화처럼 지구를 구할 거야?
제임스 : 응! 내가 좋아하는 영화 속 주인공처럼 지구를 지키는 영웅이 될 거야.
소피아 : 음... 나는 초능력이 생긴다면 순간 이동을 하고 싶어.
순간 이동을 할 수 있다면 원하는 곳에 갈 수 있잖아.
제임스 : 에? 겨우 그거야?
소피아 : 그게 얼마나 멋진 일인데? 그래서 우주여행을 할 거야.
제임스 : 어? 우주여행? 멋있는데? 나도 순간 이동으로 할래!

21과　　TRACK 21　P. 96

루루 : 지은 씨, 어디에 다녀와요?
지은 : 네, 친구 집들이에 다녀오는 길이에요. 친구가 이사 간 집이 얼마나 아담하고 예쁜지 몰라요.
루루 : 집들이 선물은 뭘 사 갔어요?
지은 : 친구가 커피를 좋아해서 커피 머신을 사 갔어요. 그 친구는 커피를 얼마나 좋아하는지 몰라요.
루루 : 오랜만에 친구를 만나서 좋았겠어요.
지은 : 네, 다들 얼마나 반가웠는지 몰라요. 그래서 얼마나 즐거웠는지 몰라요.

22과 TRACK 22 P. 100

지은 : 루이 씨, 피곤해 보여요.
루이 : 네, 어제 야근을 했더니 피곤하네요.
지은 : 전혀 못 잤어요?
루이 : 새벽에 잠깐 잤는데 조금밖에 안 잤더니 더 피곤한 거 같아요. 지은 씨, 감기는 좀 어때요?
지은 : 약을 먹고 일찍 잤더니 좀 좋아진 거 같아요.
루이 : 다행이네요.
지은 : 루이 씨도 좀 쉬세요. 피곤할 때는 쉬는 게 가장 좋은 거 같아요. 저도 지난번에 야근하고 푹 쉬었더니 컨디션이 금방 좋아졌어요.

23과 TRACK 23 P. 104

프엉안 : 카밀라 씨, 여기예요.
카밀라 : 네, 늦을까 봐 일찍 나섰는데도 제가 제일 늦었네요?
롱 : 아니에요. 아직 약속 시간 남았어요. 그런데 가방이 왜 그렇게 커요?
카밀라 : 아, 추울까 봐 두꺼운 옷을 넣었더니 가방이 커졌어요.
롱 : 저는 배고플까 봐 간식을 많이 넣었어요. 산 정상에서 먹으려고요.
프엉안 : 저는 운동화를 신으면 미끄러울까 봐 등산화를 새로 샀어요.
롱 : 잘했어요. 자, 그럼 출발할까요?

24과 TRACK 24 P. 108

루루 : 지은 씨, 마트에 다녀오세요?
지은 : 네, 루루 씨, 혹시 집에 아이들이 있어요? 떡볶이를 만들려고 해요. 아이들이 먹을 수 있도록 안 맵게 만들게요. 같이 먹어요.
루루 : 고마워요. 아이들이 좋아하도록 치즈도 넣을까요?
지은 : 좋아요, 제임스가 편식하지 않도록 채소도 많이 넣어야겠어요.
루루 : 그리고 요리하는 모습을 동영상으로 찍을까요?
지은 : 동영상을 잘 찍을 수 있도록 도와주세요.
루루 : 네, 알겠어요.

25과 TRACK 25 P. 112

카밀라 : 롱 씨, 토픽시험은 어떻게 됐어요?
롱 : 아직 발표가 안 났어요.
카밀라 : 3급이 있어야 대학교에 입학할 수 있지요?
롱 : 네, 듣기를 잘해야 좋은 점수를 받는데 듣기가 어려워요. 어떻게 듣기를 잘할 수 있을까요?
카밀라 : 한국 사람하고 이야기를 많이 해야 듣기 실력이 좋아져요.
롱 : 하지만 한국 사람 만나기가 어려워요.
카밀라 : 그럼 한국 뉴스를 들으세요. 날마다 꾸준히 들어야 실력이 늘어요.
롱 : 네, 알겠어요.

26과 TRACK 26 P. 116

히로 : 여보세요. 카밀라 씨, 오랜만이에요.
카밀라 : 네, 히로 씨, 오랜만이에요. 제가 갑자기 전화해서 놀라셨죠?
히로 : 조금 놀랐어요. 무슨 급한 일이 있어요?
카밀라 : 다른 게 아니고... 오늘 체첵의 생일이어서 파티를 할 거예요. 체첵은 연락해 보나 마나 히로 씨가 바쁠 거라고 했는데...
히로 : 네? 오늘이 체첵 씨 생일이에요? 제가 너무 바빠서 잊어버렸어요.
카밀라 : 체첵도 그래서 연락하지 말라고 했어요. 그래도 서운할 것 같아서요.
히로 : 생일인데 연락 안 하면 보나 마나 서운하죠. 고마워요. 카밀라 씨.
카밀라 : 아니에요. 오늘 저녁에 7시까지 집으로 오실래요? 음식은 준비했어요.
히로 : 당연히 물으나 마나 가야죠. 꽃과 케이크는 제가 준비할게요.

27과 TRACK 27 P. 120

마리 : 루이 씨, 상담하고 싶은 게 뭐예요?
루이 : 음... 일단 지금 제가 하는 이야기는 비밀로 해 주세요.
마리 : 알겠어요. 다른 사람에게 말 안 할게요.
루이 : 예전에 제가 다녔던 회사에서 다시 일하면 좋겠다고 연락이 왔어요.
마리 : 오! 스카우트 제의예요? 하긴 루이 씨는 능력이 있으니까요.
루이 : 예전에 일했던 곳이니까 적응하기도 쉽고, 일도 제가 맡았던 업무를 그대로 하면 되고 연봉도 예전에 받았던 것보다 훨씬 많이 준대요.
마리 : 조건이 좋네요. 이직해도 될 것 같은데요. 뭐가 문제예요?
루이 : 그 회사에 전에 사귀었던 사람이 일하고 있어서 불편할 것 같아요.
마리 : 아! 작년에 만났던 전 여자친구요? 정말 고민되겠어요.

28과 TRACK 28 P. 124

체첵 : 히로, 혼자 살면 생활비가 많이 들까?
히로 : 아무래도 같이 사는 것보다 많이 들걸. 왜? 체첵은 혼자 살고 싶어?
체첵 : 친구들과 사는 것도 좋지만 불편한 점도 있고 혼자서 살아보고 싶어서.
히로 : 일단 집세가 비싸질걸. 지금은 셋이 사니까 3분의 1만 내면 되잖아.
체첵 : 작은 원룸으로 옮기면 집세는 지금 내는 것과 비슷할걸.
히로 : 원룸으로 옮기면 집세도 내고 관리비도 내야 할걸.
체첵 : 아. 맞다. 원룸은 관리비를 받는다고 들었어.
히로 : 그리고 집안일이 지금보다 많아져서 힘들걸.
체첵 : 하긴. 지금은 세 명이 나눠서 하니까 그걸 내가 다 하면 힘들겠구나.
히로 : 그러니까 혼자 사는 건 잘 생각해 봐. 같이 사는 게 더 좋을걸.

29과　　TRACK 29　P. 128

지은 : 폴 씨, 큰일 났어요. 방금 거래처에 확인 전화를 했는데 문제가 생겼어요.
폴 : 거래처에 문제가 생겼다고요?
지은 : 네, 루이 씨가 지난주에 메일을 보냈는데 거래처의 신입 사원이 메일을 잘못 보고 주문을 넣었대요.
폴 : 메일을 잘못 보고 주문을 넣었다고요? 그래서요?
지은 : 100세트를 주문했는데 지금 10세트만 있대요.
폴 : 10세트만 있다고요? 다음 주 행사에 사용해야 하는데 어떻게 하지요?
지은 : 거래처에서 실수했으니까 최대한 노력해서 추가로 만들 거예요.
폴 : 추가로 만들 거라고요? 시간을 맞출 수 있을까요?
지은 : 가능할 거라고 했어요. 제가 다시 한번 확인하고 대책을 마련할게요.

30과　　TRACK 30　P. 132

루이 : 마리 씨, 다음 달에 지은 씨가 승진할 모양이에요.
마리 : 그래요?
루이 : 네, 며칠 전부터 폴 씨가 지은 씨랑 따로 이야기하는 걸 보니까 지은 씨가 팀장이 될 모양이에요.
마리 : 잘됐네요. 그런데 지은 씨가 팀장이 되면 원래 팀장인 폴 씨는요?
루이 : 기획팀에서 새로운 프로젝트를 진행하기 위해서 새 팀을 만드는데 지은 씨가 거기 갈 모양이에요. 폴 씨는 우리 팀에 있을 모양이에요.
마리 : 좋은 소식이네요. 저도 그 프로젝트팀으로 발령 날 모양이에요. 어제 인사팀에서 연락이 왔어요.
루이 : 이런, 우리 팀이 둘로 나누어질 모양이네요.

31과　　TRACK 31　P. 136

지은 : 마리 씨, 안색이 안 좋아 보여요.
마리 : 네, 어제 일찍 잤어야 했는데 드라마를 끝까지 보느라고 늦게 잤어요.
지은 : 아직도 그렇게 드라마에 빠져 있어요?
마리 : 한국 드라마가 얼마나 흥미진진한지 몰라요. 도저히 중간에 멈출 수가 없어요. 보다가 멈췄어야 했는데 지금은 후회돼요.
지은 : 그래도 내일이 주말이어서 다행이에요.
마리 : 친구가 그 드라마를 추천할 때 못 들은 척 했어야 했는데 보고 나서 후회가 돼요.

32과　　TRACK 32　P. 140

롱 : 프엉안 씨, 어서 오세요.
프엉안 : 미안해요, 좀 늦었지요? 지하철을 타고 보니 반대편 노선이었어요.
롱 : 괜찮아요. 아직 파티 시작 안 했어요.
프엉안 : 그런데 한국 지하철은 노약자석이 있네요.
롱 : 아, 맞아요. 그래서 보통 노약자석에는 안 앉아요.
프엉안 : 저는 아까 앉고 보니 노약자석이어서 얼른 일어났어요.
롱 : 당황했겠어요.
프엉안 : 조금 당황했어요. 참, 그리고 여기 생일 선물이에요. 사고 보니 롱 씨한테 어울릴지 모르겠어요.
롱 : 고마워요. 잘 쓸게요.

33과　　TRACK 33　P. 144

지은 : 루이 씨, 고향에 다녀온다고 들었어요. 무슨 일이 있어요?
루이 : 네, 이번에 졸업 논문을 제출하지 않으면 안 돼요. 그래서 고향에 가요.
지은 : 그렇군요. 논문을 발표하러 가는 거예요?
루이 : 네, 졸업하려면 논문을 발표하지 않으면 안 되거든요.
지은 : 발표 잘하고 오세요. 오랜만에 고향에 가면 만날 사람이 많겠네요.
루이 : 네, 만나지 않으면 안 되는 사람이 너무 많아요. 그리고 하지 않으면 안 되는 일도 많아서 걱정이에요.
지은 : 잘 될 거예요.

34과　　TRACK 34　P. 148

지은 : 루이 씨, 설악산에는 잘 다녀왔어요?
루이 : 네, 정말 즐거운 여행이었어요.
지은 : 설악산이 어땠어요?
루이 : 단풍이 정말 볼 만했어요. 얼마나 아름다웠는지 몰라요.
지은 : 음식은 어땠어요?
루이 : 사람들이 많아서 식당이 복잡하기는 했어도 음식도 먹을 만했어요. 오는 길에 남이섬에 들러서 짚라인도 탔어요.
지은 : 짚라인은 어땠어요?
루이 : 생각보다 더 좋았어요. 정말 탈 만했어요.

35과　　TRACK 35　P. 152

카밀라 : 롱 씨, 시험 잘 봤어요?
롱 : 아니요, 열심히 공부해서 장학금을 받고 싶었는데 장학금을 받기는커녕 재시험을 볼지도 몰라요.
카밀라 : 시험이 쉬웠다고 하던데 아닌가 봐요?
롱 : 쉽기는커녕 아는 문제가 얼마 없었어요.
카밀라 : 어려웠나 보군요. 참, 시험이 끝나면 아르바이트는 할 거라고 했었죠?
롱 : 지금은 아르바이트는커녕 날마다 도서관에서 살아야 할 것 같아요.
카밀라 : 이런, 점심은 먹었지요?
롱 : 아니요, 공부하느라고 점심을 먹기는커녕 아침도 못 먹었어요.

36과 TRACK 36 P. 156

폴 : 루루 씨, 이것 보세요. 제임스가 짠 방학 계획이에요.
루루 : 아, 아까 숙제를 한다고 했는데 그게 방학 계획 짜기였나 봐요.
폴 : 아주 재미있는 계획이에요. 먼저 아침 7시에 일어나기.
루루 : 정말요? 제임스는 8시에도 겨우 일어나면서 더 자고 싶어 하는데.
폴 : 그것만이 아니에요. 7시부터 8시까지 엄마를 도와 아침 준비하기. 8시부터 9시까지 아침 먹고 설거지하기.
루루 : 어머, 정말 제임스가 쓴 계획이 맞아요? 믿을 수 없어요.
폴 : 9시부터 12시까지 컴퓨터 게임하기. 12시부터 점심 식사하기. 1시부터 6시까지 축구하기. 6시부터 저녁 먹기. 7시부터 잠자기.
루루 : 음... 제임스가 쓴 계획이 맞는 것 같네요.

37과 TRACK 37 P. 160

마리 : 루이 씨, 컴퓨터에 대해 잘 알지요? 제가 어제 백화점에 컴퓨터를 사러 갔다가 그냥 왔거든요.
루이 : 백화점에서 컴퓨터를 산다고요?
마리 : 그럼 안 돼요? 백화점이 비싸기는 하지만 품질이 좋잖아요.
루이 : 백화점이라고 해서 다 품질이 좋은 것은 아니에요. 게다가 컴퓨터는 비싸다고 해서 다 괜찮은 것은 아니에요.
마리 : 그래요? 그럼 어떤 컴퓨터가 좋은 컴퓨터예요?
루이 : 마리 씨가 컴퓨터를 사용하는 용도에 맞는 것이 좋은 컴퓨터예요.
마리 : 저는 모니터가 크면 좋겠어요. 그럼 모니터 화면이 더 선명하잖아요.
루이 : 모니터가 크다고 해서 다 선명한 것은 아니에요. 화소가 중요해요.
마리 : 그래요? 루이 씨에게 물어보길 잘했네요. 저 좀 도와주세요.

38과 TRACK 38 P. 164

폴 : 제임스는 좀 어때요? 아직도 많이 아파요?
루루 : 제임스는 아픈 게 아니었어요. 학교에 가기 싫어서 아픈 척했대요.
폴 : 하하. 그랬어요? 꾀병이었네요.
루루 : 웃지 말아요. 심각한 문제예요. 제임스가 거짓말을 했잖아요.
폴 : 괜찮아요. 나도 어렸을 때 숙제하기 싫어서 자는 척하고 그랬어요. 루루 씨는 그런 적 없어요?
루루 : 아... 저도 잔소리를 들으면 안 들리는 척하고 그랬어요.
폴 : 그래요. 아이들은 다들 조금씩 거짓으로 행동하기도 해요. 심각한 문제는 아니니까 걱정하지 말아요. 그냥 모르는 척해요.
루루 : 듣고 보니 아는 척하지 않는 게 나을 수도 있겠네요.

39과 TRACK 39 P. 168

지은 : 히로 씨, 요즘 어때요? 회사에 적응이 됐어요?
히로 : 아, 팀장님, 아직 힘든 일은 있지만 그래도 처음보다 적응이 됐습니다.
지은 : 그래요? 다행이에요.
히로 : 팀장님 덕분이에요. 열심히 하다 보면 익숙해질 거라고 말씀해 주셔서 큰 도움이 됐습니다. 앞으로도 열심히 하겠습니다.
지은 : 그래요. 일은 하다 보면 익숙해지고 더 잘할 수 있을 거예요. 그리고 사람도 자주 만나다 보면 더 가까워지고 친해질 수 있어요.
히로 : 팀장님과 이야기하다 보면 마음이 편해집니다. 어떻게 하면 팀장님처럼 다른 사람의 마음을 이해할 수 있을까요?
지은 : 다른 사람의 마음을 생각하다 보면 그 마음을 이해할 수 있을 거예요.

40과 TRACK 40 P. 172

루이 : 마리 씨, 요즘 무슨 일이 있어요? 안색이 안 좋아서 걱정돼요.
마리 : 요즘 향수병에 걸린 것 같아요. 당장 비행기를 타고 싶을 정도로 고향에 가고 싶어요.
루이 : 그래요? 갑자기 왜 그래요? 무슨 일이 있었어요?
마리 : 그냥 며칠 전부터 가족이 보고 싶어서 갑자기 눈물이 날 정도예요.
루이 : 그래요? 그거 심각한 것 같은데요. 마리 씨는 고향에 언제 다녀왔어요?
마리 : 기억이 잘 나지 않을 정도로 오래전에 고향에 다녀왔어요.
루이 : 그럼 고향에 한 번 다녀오세요. 이러다가 정말 큰일 나겠어요.
마리 : 하지만 요즘 눈코 뜰 새 없을 정도로 바빠서 시간을 낼 수 없어요.
루이 : 이런 안타깝네요.

41과 TRACK 41 P. 176

민재 : 지은 씨, 지금 출발할까요?
지은 : 네, 지금 나가면 되겠네요. 그런데 그 식당이 그렇게 유명해요?
민재 : 네, 한번 맛을 보면 또 갈 수밖에 없어요.
지은 : 얼마나 맛있는지 정말 궁금하네요.
민재 : 너무 맛있어서 사람들이 줄을 서서 기다릴 수밖에 없어요.
지은 : 맛의 비결이 뭐래요?
민재 : 좋은 재료를 사용해서 맛있을 수밖에 없대요.
지은 : 그렇군요. 어서 나가요.

42과 TRACK 42 P. 180

마리 : 루이 씨, 힘들어 보여요. 무슨 일이 있어요?
루이 : 네, 엘리베이터가 고장 나는 바람에 1층에서부터 걸어서 올라왔어요.
마리 : 아, 정말요?
루이 : 네, 지각하지 않으려고 뛰었어요. 지난번에 지각하는 바람에 부장님한테 꾸중을 들었거든요.
마리 : 고생하셨어요.
루이 : 그런데 너무 힘들어요. 7층 계단을 걸어서 올라오는 바람에 기운이 다 빠졌어요.
마리 : 커피 한 잔 드세요.

43과  TRACK 43 P. 184

프엉안 : 롱, 그 얘기 들었어? 히로 씨와 체책 씨가 싸웠대.
롱 : 정말? 두 사람 사이가 좋았잖아. 두 사람이 싸울 줄은 몰랐어.
프엉안 : 연인끼리 사귀다 보면 싸우기 마련이지.
롱 : 왜 싸운 거야?
프엉안 : 히로 씨가 취업한 후로 너무 바빠서 연락이 잘 안 됐나 봐.
롱 : 신입 사원 때는 바쁘기 마련이지. 바쁘면 연락 못 하기 마련이고.
프엉안 : 아무리 바빠도 연락을 못 하면 안 되지. 바빠도 연락은 해야지.
롱 : 연락하려고 하다가도 정신이 없으면 잊어버리기 마련이지.
프엉안 : 그렇다고 여자친구한테 연락을 안 하는 게 당연해? 너도 그럴 거야?
롱 : 아니야... 절대 내가 그럴 거라는 게 아니야. 내가 잘못했어. 화내지 마.

44과  TRACK 44 P. 188

롱 : 프엉안, PPT를 만든 왕유가 아직도 전화를 안 받아?
프엉안 : 응. 아침부터 계속 전화를 안 받는 걸 보니까 자고 있을 게 뻔해.
롱 : 어떡하지? 발표할 때 PPT 자료가 없으면 나는 실수할 게 뻔한데.
프엉안 : 게다가 PPT 없이 발표하면 점수가 나쁠 게 뻔하니까 꼭 필요해.
롱 : 어제 자료는 거의 다 만들었다고 했지?
프엉안 : 그렇지만 이렇게 연락이 없는 걸 보니까 거짓말했을 게 뻔해.
롱 : 아니야. 어쩌면 다 만들어 놓고 잤을 수도 있어. 혹시 모르니까 메일 확인해 보자. 메일로 보냈을지도 모르잖아.
프엉안 : 메일을 안 보냈을 게 뻔하지만 그래도 확인해 볼게. 어? 메일이 있어.
롱 : 그래? 정말 다행이야.

45과 TRACK 45 P. 192

민재 : 지은 씨, 요즘 회사 일은 어때요? 팀장이 된 후로 바쁘죠?
지은 : 제 생각보다 더 바쁘네요. 일도 계획한 대로 되지 않아서 힘들어요.
민재 : 계획대로 다 되면 얼마나 좋겠어요. 뭐가 제일 힘들어요?
지은 : 다른 것보다 팀원들과 의사소통하는 게 힘들어요. 외국인들도 있으니까 제가 생각하는 대로 되지 않아요.
민재 : 하긴 그렇겠네요. 아무리 한국어를 잘해도 한국인의 생각과는 다르죠.
지은 : 맞아요. 한국어를 잘해도 문화 차이가 있어요 제가 말하는 대로 했다고 하는데 제가 원한 결과와 다를 때가 있어요.
민재 : 서로의 표현 방법에 익숙해지면 더 나아질 거예요.
지은 : 민재 씨 말대로 되면 좋겠네요.

APPENDIX

모범 답안

ANSWER SHEET

1과

문법을 배우세요

기다리다	⇒	기다려지다	만들다	⇒	만들어지다
나누다	⇒	나눠지다	굽다	⇒	구워지다
가리다	⇒	가려지다	켜다	⇒	켜지다
끊다	⇒	끊어지다	끄다	⇒	꺼지다
누르다	⇒	눌러지다	지우다	⇒	지워지다

대답해 보세요

① 커피 자국을 지웠어요? ⇒ 네, 잘 지워졌어요.
② 휴대 전화가 고장났어요? ⇒ 아니요, 자판이 눌러졌어요.
③ 새로 산 펜이 어때요? ⇒ 아주 잘 써져요.
④ 옷이 왜 그래요? ⇒ 못에 걸려서 찢어졌어요.

들어 보세요

1 ①, ②
2 ① X ② O ③ O

2과

문법을 배우세요

살다	⇒	사는 대신	춥다	⇒	추운 대신
출근하다	⇒	출근하는 대신	좋다	⇒	좋은 대신
놀다	⇒	노는 대신	다르다	⇒	다른 대신
돕다	⇒	돕는 대신	밝다	⇒	밝은 대신
자르다	⇒	자르는 대신	힘들다	⇒	힘든 대신

대답해 보세요

① 대학원에 진학할 거예요?
　⇒ 대학원에 진학하는 대신 취업할 거예요.
② 자전거로 갈 거예요?
　⇒ 자전거로 가는 대신 지하철을 탈 거예요.
③ 영화를 볼까요?
　⇒ 영화를 보는 대신 집에서 쉴 거예요.
④ 가격이 왜 이렇게 비싸요?
　⇒ 비싼 대신 품질이 좋아요.

들어 보세요

1 ②
2 ① X ② X ③ O

3과

문법을 배우세요

말하다	⇒	말하잖아요
걷다	⇒	걷잖아요
춥다	⇒	춥잖아요
넓다	⇒	넓잖아요
숙제하다	⇒	숙제하잖아요
회의하다	⇒	회의하잖아요
지나가다	⇒	지나가잖아요
시간이 없다	⇒	시간이 없잖아요
재미있다	⇒	재미있잖아요
편하다	⇒	편하잖아요

대답해 보세요

① 벌써 반팔을 입었어요? 안 추워요?
　⇒ 날씨가 덥잖아요.
② 롱 씨는 기분이 안 좋아 보여요.
　⇒ 여자친구와 헤어졌잖아요.
③ 지은 씨는 기분이 좋아 보여요.
　⇒ 승진했잖아요.
④ 일주일 동안 계속 비만 내려요.
　⇒ 여름이잖아요.

들어 보세요

1 ③
2 ① O ② X ③ X

4과

문법을 배우세요

김밥	⇒	김밥이라도	약	⇒	약이라도
짜장면	⇒	짜장면이라도	20분씩	⇒	20분씩이라도
천 원	⇒	천 원이라도	죽	⇒	죽이라도
메시지	⇒	메시지라도	자전거	⇒	자전거라도
여행	⇒	여행이라도	동네 산책	⇒	동네 산책이라도

대답해 보세요

① 미안해요. 시간이 없어요.
　⇒ 10분이라도 볼 수 없을까요?
② 목이 아파서 아무것도 못 먹겠어요.
　⇒ 죽이라도 드세요.
③ 한국 생활이 너무 외로워요.
　⇒ 강아지라도 키워보세요.
④ 요즘 몸이 너무 뻐근해요.
　⇒ 스트레칭이라도 해 보세요.

모범 답안 | 203

들어 보세요

1 ③

2 ① O　　② X　　③ X

5과

문법을 배우세요

자다	⇒	자도록 하다
쉬다	⇒	쉬도록 하다
듣다	⇒	듣도록 하다
청소하다	⇒	청소하도록 하다
분리수거하다	⇒	분리수거하도록 하다
열다	⇒	열도록 하다
젓다	⇒	젓도록 하다
돕다	⇒	돕도록 하다
시작하다	⇒	시작하도록 하다
일어나다	⇒	일어나도록 하다

대답해 보세요

① 몇 시까지 가면 돼요?　⇒　수업 시간 전까지 오도록 하세요.

② 어디에서 기다릴까요?　⇒　학교 정문에서 기다리도록 하세요.

③ 이거 먹어도 돼요?　⇒　네, 먹도록 하세요.

④ 친구 좀 만나고 올게요.　⇒　늦지 않도록 하세요.

들어 보세요

1 ③

2 ① O　　② X　　③ X

6과

문법을 배우세요

읽다	⇒	읽더니	맵다	⇒	맵더니
웃다	⇒	웃더니	많다	⇒	많더니
가다	⇒	가더니	비싸다	⇒	비싸더니
사다	⇒	사더니	춥다	⇒	춥더니
만들다	⇒	만들더니	시원하다	⇒	시원하더니

대답해 보세요

① 친구가 예전과 다른 점이 있어요?
　⇒　전에는 김치를 못 먹더니 지금 잘 먹어요.

② 지난달과 날씨가 어떻게 달라요?
　⇒　지난달에는 춥더니 지금은 따뜻해요.

③ 부모님이 예전과 다른 점이 있어요?
　⇒　전에는 건강하시더니 요즘은 아프세요.

④ 고향이 작년과 어떻게 달라요?
　⇒　작년에는 눈이 많이 오더니 요즘은 눈이 안 와요.

들어 보세요

1 ①, ③

2 ① O　　② X　　③ X

7과

문법을 배우세요

가다	⇒	가다가	뛰다	⇒	뛰다가
만들다	⇒	만들다가	웃다	⇒	웃다가
앉다	⇒	앉다가	사다	⇒	사다가
다니다	⇒	다니다가	청소하다	⇒	청소하다가
입다	⇒	입다가	이야기하다	⇒	이야기하다가

대답해 보세요

① 왜 남자 친구와 싸웠어요?
　⇒　여행을 계획하다가 싸웠어요.

② 왜 감기에 걸렸어요?
　⇒　창문을 열어 놓고 자다가 감기에 걸렸어요.

③ 아이가 왜 다리를 다쳤어요?
　⇒　계단에서 뛰다가 넘어졌어요.

④ 왜 숙제를 못 했어요?
　⇒　어제 축구 경기를 보다가 못 했어요.

들어 보세요

1 ①, ③

2 ① X　　② O　　③ O

8과

문법을 배우세요

• 사동사의 문장 구조 ①

N1이/가 V	→	N2이/가 N1을/를 사동사	
물이 끓다		프엉안이 물을	끓이다
환자가 살다		의사가 환자를	(살리다)
물이 얼다		롱이 물을	(얼리다)
고기가 익다		요리사가 고기를	(익히다)
피자가 남다	→	마리가 피자를	(남기다)
제임스가 씻다		폴이 제임스를	(씻기다)
체첵이 웃다		히로가 체첵을	(웃기다)
소피아가 자다		엄마가 소피아를	(재우다)
택시가 서다		루이가 택시를	(세우다)

• 사동사의 문장 구조 ②

N1이/가 N2을/를 V	→	N3이/가 N1의 N2을/를 사동사
아이가 옷을 벗다		엄마가 아이의 옷을 　벗기다
제임스가 머리를 감다	→	폴이 제임스의 머리를 (감기다)
강아지가 발을 씻다		프엉안이 강아지의 발을 (씻기다)
손님이 머리를 말리다		미용사가 손님의 머리를 (말리다)

그림을 보고 말하세요

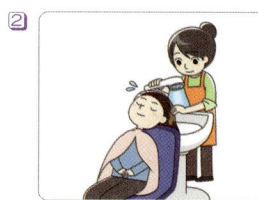

① ⇒ 프엉안이 불을 켜서 방을 밝혔어요.
② ⇒ 미용사가 손님의 머리를 감겨요.

③ ⇒ 엄마가 아이의 양말을 벗겨요.
④ ⇒ 형이 동생을 때려서 울려요.

들어 보세요

① ②
② ①O　②O　③X

9과

문법을 배우세요

• 사동사의 문장 구조 ③

N1이/가 N2을/를 V	→	N3이/가 N1에게(한테) N2을/를 사동사
강아지가 밥을 먹다		프엉안이 강아지에게 밥을 　먹이다
손님이 옷을 보다		직원이 손님에게 옷을 (보이다)
아이가 옷을 입다		아빠가 아이에게 옷을 (입히다)
학생이 책을 읽다	→	선생님이 학생에게 책을 (읽히다)
제임스가 신발을 신다		폴이 제임스에게 신발을 (신기다)
소피아가 모자를 쓰다		루루가 소피아에게 모자를 (씌우다)
민재가 소식을 알다		지은이 민재에게 소식을 (알리다)
히로가 가방을 맡다		체첵이 히로에게 가방을 (맡기다)

• 사동사의 문장 구조 ④

N1이/가 N2에 V	→	N3이/가 N1을/를 N2에 사동사
제임스가 침대에 눕다		폴이 제임스를 침대에 　눕히다
아기가 의자에 앉다	→	아빠가 아기를 의자에 (앉히다)
그림이 벽에 붙다		롱이 그림을 벽에 (붙이다)
마리가 차에 타다		루이가 마리를 차에 (태우다)

연습해 보세요

① ⇒ 엄마가 아이에게 밥을 먹여요.
② ⇒ 누나가 동생을 의자에 앉혀요.

③ ⇒ 히로가 사진을 벽에 붙여요.
④ ⇒ 아빠가 아이에게 모자를 씌워요.

들어 보세요

① ③
② ①O　②X　③X

10과

문법을 배우세요

가다	⇒ 가게 하다	뛰다	⇒ 뛰게 하다
만들다	⇒ 만들게 하다	웃다	⇒ 웃게 하다
앉다	⇒ 앉게 하다	사다	⇒ 사게 하다
다니다	⇒ 다니게 하다	청소하다	⇒ 청소하게 하다
입다	⇒ 입게 하다	이야기하다	⇒ 이야기하게 하다

대답해 보세요

① 부모님께서 뭘 배우게 했어요?
　⇒ 　피아노를 배우게 하셨어요.
② 선생님께서 뭘 못하게 했어요?
　⇒ 　수업시간에 휴대폰을 못하게 하셨어요.
③ 친구에게 뭘 부탁했어요?
　⇒ 　밤에 음악을 듣지 말게 부탁했어요.
④ 친구에게 무슨 부탁을 받았어요?
　⇒ 　마트에서 우유를 사오게 했어요.

들어 보세요

① ③
② ①O　②X　③X

11과

문법을 배우세요

가다	⇒ 갈 걸 그랬다	먹다	⇒ 먹을 걸 그랬다
사다	⇒ 살 걸 그랬다	하다	⇒ 할 걸 그랬다
마시다	⇒ 마실 걸 그랬다	듣다	⇒ 들을 걸 그랬다
예매하다	⇒ 예매할 걸 그랬다	가져오다	⇒ 가져올 걸 그랬다
준비하다	⇒ 준비할 걸 그랬다	배우다	⇒ 배울 걸 그랬다

대답해 보세요

1. 시험공부 많이 했어요?
   ⇒ 아니요, 공부해 놓을 걸 그랬어요.
2. 내일 발표 준비 많이 했어요?
   ⇒ 아니요, 연습해 둘 걸 그랬어요.
3. 어디에 가요?
   ⇒ 은행에 가요, 현금을 찾아 놓을 걸 그랬어요.
4. 왜 일본어 책을 샀어요?
   ⇒ 일본에 출장을 가요, 미리 공부해 둘 걸 그랬어요.

들어 보세요

1. ①
2. ① O ② X ③ X

12과

문법을 배우세요

입다	⇒ 입거든요	비싸다	⇒ 비싸거든요
찍다	⇒ 찍거든요	맛있다	⇒ 맛있거든요
말하다	⇒ 말하거든요	재미있다	⇒ 재미있거든요
연습하다	⇒ 연습하거든요	심심하다	⇒ 심심하거든요
일어나다	⇒ 일어나거든요	어렵다	⇒ 어렵거든요

대답해 보세요

1. 우울해 보여요. ⇒ 시험을 잘 못 봤거든요.
2. 창문을 왜 닫아요? ⇒ 춥거든요.
3. 아침 일찍 나오셨네요. ⇒ 일찍 일어났거든요.
4. 기분이 좋아 보여요. ⇒ 고향에서 부모님이 오셨거든요.

들어 보세요

1. ①
2. ① O ② X ③ O

13과

문법을 배우세요

입다	⇒ 입는데도	춥다	⇒ 추운데도
듣다	⇒ 듣는데도	싸다	⇒ 싼데도
걷다	⇒ 걷는데도	어렵다	⇒ 어려운데도
만들다	⇒ 만드는데도	힘들다	⇒ 힘든데도
운동하다	⇒ 운동하는데도	조용하다	⇒ 조용한데도

대답해 보세요

1. 매일 청소를 하다.
   ⇒ 매일 청소를 하는데도 지저분해요.
2. 열심히 공부를 하다.
   ⇒ 열심히 공부를 하는데도 시험을 못 봤어요.
3. 음식이 맛있다.
   ⇒ 음식이 맛있는데도 손님이 없어요.
4. 운동화를 신다.
   ⇒ 운동화를 신었는데도 발이 아파요.

들어 보세요

1. ①
2. ① X ② O ③ X

14과

문법을 배우세요

아무	⇒ 아무도	아무데	⇒ 아무데도
아무것	⇒ 아무것도	아무 곳	⇒ 아무 곳도
아무한테	⇒ 아무한테도	아무 생각	⇒ 아무 생각도
아무 운동	⇒ 아무 운동도	아무 말	⇒ 아무 말도

대답해 보세요

1. 뭐 먹을까요?
   ⇒ 배가 아파서 아무 것도 못 먹을 것 같아요.
2. 어디로 여행갈까요?
   ⇒ 시간이 없어서 아무데도 못 가요.
3. 히로 씨, 주머니에 뭐가 들었어요?
   ⇒ 제 주머니에는 아무것도 없어요.
4. 루루 씨, 왜 아무 말도 안 해요?
   ⇒ 제가 목감기에 걸려서 목이 너무 아파요.

들어 보세요

1. ①
2. ① O ② X ③ X

15과

문법을 배우세요

가다	⇒	가야 할 텐데	만나다	⇒	만나야 할 텐데
보다	⇒	봐야 할 텐데	끝내다	⇒	끝내야 할 텐데
쉬다	⇒	쉬어야 할 텐데	쓰다	⇒	써야 할 텐데
웃다	⇒	웃어야 할 텐데	그치다	⇒	그쳐야 할 텐데
찍다	⇒	찍어야 할 텐데	완성하다	⇒	완성해야 할 텐데

대답해 보세요

① 태풍이 온다고 해요. ⇒ 피해가 없어야 할 텐데요.
② 지금 아이가 혼자 있어요? ⇒ 울지 않아야 할 텐데요.
③ 언제 여행을 가요? ⇒ 다음 주에 날씨가 좋아야 할 텐데요.
④ 시험 잘 봤어요? ⇒ 취직해야 할 텐데요.

들어 보세요

1 ①
2 ① O   ② X   ③ X

16과

문법을 배우세요

읽다	⇒	읽는데도 불구하고
웃다	⇒	웃는데도 불구하고
사다	⇒	사는데도 불구하고
만들다	⇒	만드는데도 불구하고
맵다	⇒	매운데도 불구하고
시원하다	⇒	시원한데도 불구하고
힘들다	⇒	힘든데도 불구하고
친구	⇒	친구인데도 불구하고

대답해 보세요

① 힘들지만 끝까지 한 일이 있어요?
  ⇒ 힘든데도 불구하고 아르바이트를 했어요.
② 비싸지만 사고 싶은 물건이 있어요?
  ⇒ 비싼데도 불구하고 휴대폰을 사고 싶어요.
③ 좋아하지만 안 먹는 음식이 있어요?
  ⇒ 복숭아를 좋아하는데도 불구하고 알러지가 생겨서 못 먹어요.
④ 만나고 싶지만 못 만나는 사람이 있어요?
  ⇒ 부모님을 만나고 싶은데도 불구하고 멀리 계셔서 못 만나요.

들어 보세요

1 ②
2 ① O   ② X   ③ O

17과

문법을 배우세요

읽다	⇒	읽던	맵다	⇒	맵던
웃다	⇒	웃던	많다	⇒	많던
가다	⇒	가던	비싸다	⇒	비싸던
사다	⇒	사던	힘들다	⇒	힘들던
만들다	⇒	만들던	시원하다	⇒	시원하던

대답해 보세요

① 예전에 자주 가던 식당이 어디예요?
  ⇒ 예전에 자주 가던 식당이 없어졌어요.
② 고향에서 자주 하던 일이 뭐예요?
  ⇒ 고향에서 자주 하던 일은 자전거를 타는 거예요.
③ 예전과 달라진 친구가 있어요?
  ⇒ 친하던 친구와 연락이 잘 안돼요.
④ 지난주에 보던 드라마가 뭐예요?
  ⇒ 지난주에 보던 드라마는 '더 킹'이에요.

들어 보세요

1 ①, ③
2 ① O   ② X   ③ O

18과

문법을 배우세요

읽다	⇒	아무리 읽어도
웃다	⇒	아무리 웃어도
가다	⇒	아무리 가도
사다	⇒	아무리 사도
만들다	⇒	아무리 만들어도
맵다	⇒	아무리 매워도
많다	⇒	아무리 많아도
비싸다	⇒	아무리 비싸도
힘들다	⇒	아무리 힘들어도
따뜻하다	⇒	아무리 따뜻해도

대답해 보세요

① 아무리 피곤해도 하는 일이 있어요?
  ⇒ 아무리 피곤해도 화장을 지우고 자요.
② 아무리 비싸도 사는 물건은 뭐예요?
  ⇒ 아무리 비싸도 우유는 좋은 걸 사요.
③ 아무리 먹어도 좋은 음식은 뭐예요?
  ⇒ 아무리 먹어도 좋은 건 채소가 아닐까요.
④ 아무리 들어도 좋은 말은 뭐예요?
  ⇒ 사랑한다는 말은 아무리 들어도 좋은 것 같아요.

들어 보세요

1. ③
2. ① O　　② X　　③ X

19과

문법을 배우세요

읽다	⇒	읽으면 읽을수록
웃다	⇒	웃으면 웃을수록
가다	⇒	가면 갈수록
사다	⇒	사면 살수록
놀다	⇒	놀면 놀수록
맵다	⇒	매우면 매울수록
많다	⇒	많으면 많을수록
비싸다	⇒	비싸면 비쌀수록
힘들다	⇒	힘들면 힘들수록
시원하다	⇒	시원하면 시원할수록

대답해 보세요

① 한국어는 배우면 배울수록 어때요?
　⇒ 배우면 배울수록 어려운 것 같아요.
② 들으면 들을수록 좋은 말은 뭘까요?
　⇒ '사랑해'는 들으면 들을수록 좋은 말이에요.
③ 만나면 만날수록 좋아지는 사람은 누구예요?
　⇒ 제 친구는 만나면 만날수록 좋아요.
④ 쓰면 쓸수록 작아지는 물건은 뭐예요?
　⇒ 쓰면 쓸수록 작아지는 물건은 지우개예요.

들어 보세요

1. ③
2. ① O　　② O　　③ O

20과

문법을 배우세요

읽다	⇒	읽는다면	맵다	⇒	맵다면
웃다	⇒	웃는다면	많다	⇒	많다면
사다	⇒	산다면	힘들다	⇒	힘들다면
학생	⇒	학생이라면	시원하다	⇒	시원하다면

대답해 보세요

① 로또에 당첨이 된다면 뭘 할 거예요?
　⇒ 로또에 당첨된다면 여행을 갈 거예요.
② 과거로 간다면 언제로 가고 싶어요?
　⇒ 과거로 간다면 초등학생 때로 가고 싶어요.
③ 원하는 사람이 될 수 있다면 누가 되고 싶어요?
　⇒ 원하는 사람이 된다면 대통령이 되고 싶어요.
④ 돈이 많다면 뭘 하고 싶어요?
　⇒ 돈이 많다면 학교를 짓고 싶어요.

들어 보세요

1. ②
2. ① X　　② O　　③ O

21과

문법을 배우세요

싸다	⇒	얼마나 싼지 모르다
춥다	⇒	얼마나 추운지 모르다
어렵다	⇒	얼마나 어려운지 모르다
시원하다	⇒	얼마나 시원한지 모르다
복잡하다	⇒	얼마나 복잡한지 모르다
공부하다	⇒	얼마나 공부하는지 모르다
먹다	⇒	얼마나 먹는지 모르다
시끄럽다	⇒	얼마나 시끄러운지 모르다
맛있다	⇒	얼마나 맛있는지 모르다
재미있다	⇒	얼마나 재미있는지 모르다

대답해 보세요

① 창문을 왜 닫아요?
　⇒ 밖이 얼마나 추운지 몰라요.
② 가방이 마음에 들어요?
　⇒ 이 상표가 얼마나 유명한지 몰라요.
③ 커피를 마셔요?
　⇒ 얼마나 졸린지 모르겠어요.
④ 장학금을 받았어요?
　⇒ 네, 얼마나 기분이 좋은지 모르겠어요.

들어 보세요

1. ③
2. ① X　　② X　　③ O

22과

문법을 배우세요

가다	⇒	갔더니	먹다	⇒	먹었더니
사다	⇒	샀더니	하다	⇒	했더니
마시다	⇒	마셨더니	듣다	⇒	들었더니
예매하다	⇒	예매했더니	가져오다	⇒	가져왔더니
준비하다	⇒	준비했더니	야근하다	⇒	야근했더니

APPENDIX

대답해 보세요
1. 얼굴이 안 좋아 보여요. ⇒ 밤을 새웠더니 피곤해요.
2. 배에서 소리가 나네요. ⇒ 아침을 안 먹었더니 배고파요.
3. 히로 씨, 어디 아파요? ⇒ 새 구두를 신었더니 발이 아파요.
4. 감기는 좀 어때요? ⇒ 약을 먹었더니 좀 괜찮아졌어요.

들어 보세요
1. ①
2. ① O　② O　③ X

23과

문법을 배우세요

말하다	⇒	말할까 봐	비싸다	⇒	비쌀까 봐
빌리다	⇒	빌릴까 봐	맛없다	⇒	맛없을까 봐
쓰다	⇒	쓸까 봐	재미없다	⇒	재미없을까 봐
보다	⇒	볼까 봐	심심하다	⇒	심심할까 봐
물어보다	⇒	물어볼까 봐	어렵다	⇒	어려울까 봐

대답해 보세요
1. 일찍 도착했네요? ⇒ 길이 막힐까 봐 일찍 출발했어요.
2. 에어컨을 켜 놓았어요? ⇒ 교실이 더울까 봐 켜 놨어요.
3. 김밥을 싸 왔어요? ⇒ 배고플까 봐 김밥을 싸 왔어요.
4. 왜 이렇게 땀을 흘려요? ⇒ 지각할까 봐 뛰어왔어요.

들어 보세요
1. ①
2. ① X　② X　③ O

24과

문법을 배우세요

찍다	⇒	찍도록	쉬다	⇒	쉬도록
듣다	⇒	듣도록	공부하다	⇒	공부하도록
입다	⇒	입도록	배우다	⇒	배우도록
만들다	⇒	만들도록	사다	⇒	사도록
운동하다	⇒	운동하도록	말하다	⇒	말하도록

대답해 보세요
1. 손을 씻으세요? ⇒ 네, 감기에 걸리지 않도록 조심해야 돼요.
2. 음식을 어떻게 요리할까요? ⇒ 아이가 먹도록 맵지 않게 해 주세요.
3. 음식 준비를 어떻게 할까요? ⇒ 음식이 모자라지 않도록 준비해 주세요.
4. 선생님, 이 문제를 잘 모르겠어요. ⇒ 네, 이해할 수 있도록 설명해 줄게요.

들어 보세요
1. ③
2. ① O　② O　③ X

25과

문법을 배우세요

가다	⇒	가야	만나다	⇒	만나야
보다	⇒	봐야	끝내다	⇒	끝내야
쉬다	⇒	쉬어야	크다	⇒	커야
웃다	⇒	웃어야	많다	⇒	많아야
찍다	⇒	찍어야	맑다	⇒	맑아야

대답해 보세요
1. 언제 졸업할 수 있어요? ⇒ 논문을 제출해야 졸업할 수 있어요.
2. 언제 아이스크림을 먹을 수 있어요? ⇒ 목감기가 다 나아야 먹을 수 있어요.
3. 할인을 받으려면 어떻게 해야 돼요? ⇒ 회원 가입을 해야 할인을 받을 수 있어요.
4. 두 시 기차를 탈 수 있을까요? ⇒ 서둘러야 탈 수 있을 거예요.

들어 보세요
1. ①
2. ① O　② O　③ X

26과

문법을 배우세요

가다	⇒	가나 마나
만들다	⇒	만드나 마나
앉다	⇒	앉으나 마나
다니다	⇒	다니나 마나
입다	⇒	입으나 마나
뛰다	⇒	뛰나 마나
웃다	⇒	웃으나 마나
사다	⇒	사나 마나
청소하다	⇒	청소하나 마나
이야기하다	⇒	이야기하나 마나

'-(으)나 마나'를 사용해 알맞은 문장을 만들어 보세요
1. 어머니의 음식은 먹어 보나 마나 맛있을 거예요.
2. 그 작가의 책은 읽어 보나 마나 재미있을 거예요.
3. 그 이불은 너무 얇아서 덮으나 마나 추울 거예요.
4. 옷이 너무 더러워서 빠나 마나 깨끗해지지 않을 거예요.

들어 보세요
1. ①, ③
2. ① X ② O ③ X

27과

문법을 배우세요

읽다	⇒	읽었던	맵다	⇒	매웠던
사다	⇒	샀던	많다	⇒	많았던
만들다	⇒	만들었던	힘들다	⇒	힘들었던
애인	⇒	애인이었던	따뜻하다	⇒	따뜻했던

대답해 보세요
1. 한국에서 처음 살았던 곳이 어디예요?
   ⇒ 한국에서 처음 살았던 곳은 학교 앞이에요.
2. 한국에서 처음 먹었던 음식이 뭐예요?
   ⇒ 한국에서 처음 먹었던 음식은 불고기예요.
3. 작년에 갔던 곳 중에서 가장 기억에 남는 곳은 어디예요?
   ⇒ 작년에 갔던 곳 중에서 경복궁이 기억에 남아요.
4. 어릴 때 친했던 친구는 어떤 사람이었어요?
   ⇒ 가장 친했던 친구는 책을 좋아하던 친구였어요.

들어 보세요
1. ③
2. ① X ② X ③ O

28과

문법을 배우세요

읽다	⇒	읽을걸요	맵다	⇒	매울걸요
웃다	⇒	웃을걸요	시원하다	⇒	시원할걸요
사다	⇒	살걸요	힘들다	⇒	힘들걸요
놀다	⇒	놀걸요	친구	⇒	친구일걸요

대답해 보세요
1. 올해 겨울은 날씨가 어떨까요?
   ⇒ 올해도 추울걸요.
2. 혼자 살면 생활비가 많이 들까요?
   ⇒ 혼자 살아도 많이 들걸요.
3. 지하철에서 음식을 먹어도 될까요?
   ⇒ 지하철에서 먹으면 안 될걸요.
4. 놀이공원에 사람이 많을까요?
   ⇒ 주말이라서 많을걸요.

들어 보세요
1. ①
2. ① O ② O ③ X

29과

문법을 배우세요

읽다	⇒	읽는다고요?	맵다	⇒	맵다고요?
웃다	⇒	웃는다고요?	많다	⇒	많다고요?
사다	⇒	산다고요?	힘들다	⇒	힘들다고요?
만들다	⇒	만든다고요?	시원하다	⇒	시원하다고요?

다시 물어 보세요
1. 이번 학기에 장학금을 탔어요.
   ⇒ 네? 장학금을 탔다고요?
2. 다음 주에 고향에 돌아갈 거예요.
   ⇒ 네? 다음 주에 고향에 돌아간다고요?
3. 매일 2시간 씩 운동을 해요.
   ⇒ 네? 매일 2시간 씩 운동한다고요?
4. 저 사람이 체첵 씨의 남자친구예요.
   ⇒ 네? 저 사람이 체첵 씨의 남자친구라고요?

들어 보세요
1. ②
2. ① O ② X ③ O

30과

문법을 배우세요

읽다	⇒	읽는 모양이다
웃다	⇒	웃는 모양이다
만들다	⇒	만드는 모양이다
멀다	⇒	먼 모양이다
비싸다	⇒	비싼 모양이다
많다	⇒	많은 모양이다
시원하다	⇒	시원한 모양이다
친구	⇒	친구인 모양이다

그림을 보고 추측해서 말해 보세요

① 저 식당이 맛있는 모양이에요.

② 아이가 사탕이 먹고 싶은 모양이에요.

③ 밖에 비가 오는 모양이에요.

④ 학생인 모양이에요.

들어 보세요

1. ②, ③
2. ① O ② O ③ X

31과

문법을 배우세요

쉬다	⇒	쉬었어야 했는데
사다	⇒	샀어야 했는데
마시다	⇒	마셨어야 했는데
예매하다	⇒	예매했어야 했는데
준비하다	⇒	준비했어야 했는데
먹다	⇒	먹었어야 했는데
걷다	⇒	걸었어야 했는데
듣다	⇒	들었어야 했는데
조용하다	⇒	조용했어야 했는데
깨끗하다	⇒	깨끗했어야 했는데

대답해 보세요

① 어제 밤을 새웠어요?
⇒ 네, 미리 공부했어야 했는데 못 했어요.

② 아침을 안 먹었어요?
⇒ 네, 일찍 일어났어야 했는데 늦게 일어났어요.

③ 새 구두를 신어서 발이 아파요?
⇒ 네, 미리 반창고를 붙였어야 했는데 못 붙였어요.

④ 약국 문을 열었어요?
⇒ 아니요, 미리 약을 샀어야 했는데 못 샀어요.

들어 보세요

1. ①
2. ① X ② O ③ X

32과

문법을 배우세요

말하다	⇒	말하고 보니
빌리다	⇒	빌리고 보니
쓰다	⇒	쓰고 보니
사다	⇒	사고 보니
생각하다	⇒	생각하고 보니
이야기하다	⇒	이야기하고 보니
만나다	⇒	만나고 보니
듣다	⇒	듣고 보니
알다	⇒	알고 보니
졸업하다	⇒	졸업하고 보니

대답해 보세요

① 이번에 취직한 회사는 어때요?
⇒ 취직하고 보니 교통편이 좋아요.

② 졸업하고 일을 하니까 어때요?
⇒ 졸업하고 보니 학생 때가 좋은 것 같아요.

③ 새로 이사한 집은 어때요?
⇒ 이사하고 보니 세금이 비싸요.

④ 결혼하니까 어때요?
⇒ 결혼하고 보니 많은 부분이 달라요.

들어 보세요

1. ①
2. ① O ② O ③ X

33과

문법을 배우세요

외우다	⇒	외우지 않으면 안 되다
듣다	⇒	듣지 않으면 안 되다
읽다	⇒	읽지 않으면 안 되다
만들다	⇒	만들지 않으면 안 되다
운동하다	⇒	운동하지 않으면 안 되다
쉬다	⇒	쉬지 않으면 안 되다
공부하다	⇒	공부하지 않으면 안 되다
싸다	⇒	싸지 않으면 안 되다
편하다	⇒	편하지 않으면 안 되다
붙이다	⇒	붙이지 않으면 안 되다

대답해 보세요

① 손님이 많아지려면 어떻게 해요?
⇒ 가격이 싸지 않으면 안 돼요.

② 그 영화를 보려면 어떻게 해요?
⇒ 미리 예약하지 않으면 안 돼요.

③ 건강해지려면 어떻게 해요?
⇒ 운동을 하지 않으면 안 돼요.

④ 한국어를 잘 하려면 어떻게 해요?
⇒ 단어를 외우지 않으면 안 돼요.

들어 보세요

1. ①
2. ①O ②X ③O

34과

문법을 배우세요

가다	⇒	갈 만하다	만나다	⇒	만날 만하다
보다	⇒	볼 만하다	만들다	⇒	만들 만하다
구경하다	⇒	구경할 만하다	쇼핑하다	⇒	쇼핑할 만하다
쉬다	⇒	쉴 만하다	참다	⇒	참을 만하다
찍다	⇒	찍을 만하다	듣다	⇒	들을 만하다

대답해 보세요

① 요즘 볼 만한 영화가 있어요?
⇒ '부산의 봄'이 볼 만해요.

② 한국음식이 매운데 어때요?
⇒ 그래도 먹을 만해요.

③ 춘천에서 먹을 만한 음식이 뭐예요?
⇒ 닭갈비가 먹을 만해요.

④ 경주에서 갈 만한 곳이 어디예요?
⇒ 남산/첨성대에 갈 만해요.

들어 보세요

1. ③
2. ①X ②O ③O

35과

문법을 배우세요

쉬다	⇒	쉬기는커녕
사다	⇒	사기는커녕
마시다	⇒	마시기는커녕
예매하다	⇒	예매하기는커녕
준비하다	⇒	준비하기는커녕
먹다	⇒	먹기는커녕
걷다	⇒	걷기는커녕
듣다	⇒	듣기는커녕
조용하다	⇒	조용하기는커녕
깨끗하다	⇒	깨끗하기는커녕

대답해 보세요

① 결혼을 하니까 어때요? ⇒ 좋기는커녕 싸우기만 해요.
② 새로 생긴 식당이 어때요? ⇒ 맛있기는커녕 지저분해요.
③ 새 운동화가 어때요? ⇒ 편하기는커녕 발이 아파요.
④ 감기약을 먹었어요? ⇒ 네, 낫기는커녕 더 아파요.

들어 보세요

1. ①
2. ①O ②X ③X

36과

문법을 배우세요

읽다	⇒	읽기	배우다	⇒	배우기
웃다	⇒	웃기	살다	⇒	살기
가다	⇒	가기	듣다	⇒	듣기
사다	⇒	사기	공부하다	⇒	공부하기
만들다	⇒	만들기	요리하다	⇒	요리하기

대답해 보세요

① 취미가 뭐예요? (영화 보다) ⇒ 영화 보기예요.
② 특기가 뭐예요? (요리하다) ⇒ 요리하기예요.
③ 내년 목표가 뭐예요? ⇒ 매일 운동하기예요.
④ 하기 어려운 일이 뭐예요? ⇒ 청소하기가 어려워요.

들어 보세요

1.

오전 7시	일어나기
7시 ~ 8시	엄마를 도와 아침 준비하기
8시 ~ 9시	아침 먹고 설거지 하기
9시 ~ 12시	컴퓨터 게임하기
오후 12시~ 1시	점심 식사하기
1시 ~ 6시	축구하기
6시 ~ 7시	저녁 먹기
7시 ~	잠자기

37과

대답해 보세요
1. 한국 사람은 모두 성격이 급하지요?
   ⇒ 한국 사람이라고 해서 모두 성격이 급한 것은 아니에요.
2. 외국인은 매운 음식을 못 먹지요?
   ⇒ 외국인이라고 해서 매운 음식을 못 먹는 것은 아니에요.
3. 우유를 많이 마시면 키가 크겠지요?
   ⇒ 우유를 많이 마신다고 해서 키가 크는 것은 아니에요.

들어 보세요
1. ③
2. ① X ② X ③ O

38과

문법을 배우세요
읽다	⇒	읽는 척하다	맵다	⇒	매운 척하다
웃다	⇒	웃는 척하다	많다	⇒	많은 척하다
가다	⇒	가는 척하다	비싸다	⇒	비싼 척하다
있다	⇒	있는 척하다	힘들다	⇒	힘든 척하다
만들다	⇒	만드는 척하다	선생님	⇒	선생님인 척하다

대답해 보세요
1. 일하기 싫을 때는 어떻게 해요?
   ⇒ 아픈 척해요.
2. 받기 싫은 전화가 오면 어떻게 해요?
   ⇒ 바쁜 척해요.
3. 거짓으로 행동할 때가 있어요?
   ⇒ 말하기 싫으면 자는 척해요.
4. 어머니의 음식이 맛없을 때는 어떻게 해요?
   ⇒ 맛있는 척해요.

들어 보세요
1. ②
2. ① O ② X ③ O

39과

문법을 배우세요
가다	⇒	가다 보면
만들다	⇒	만들다 보면
앉다	⇒	앉다 보면
다니다	⇒	다니다 보면
입다	⇒	입다 보면
뛰다	⇒	뛰다 보면
웃다	⇒	웃다 보면
사다	⇒	사다 보면
청소하다	⇒	청소하다 보면
이야기하다	⇒	이야기하다 보면

대답해 보세요
1. 요리를 잘 못 하는데 어떻게 해요?
   ⇒ 계속 연습하다 보면 좋아질 거예요.
2. 한국 생활이 아직 익숙하지 않아요.
   ⇒ 살다 보면 익숙해질 거예요.
3. 분리수거를 하는 게 너무 어려워요.
   ⇒ 하다 보면 괜찮아질 거예요.
4. 어떻게 하면 발음이 좋아질까요?
   ⇒ 연습하다 보면 좋아질 거예요.

들어 보세요
1. ③
2. ① O ② O ③ X

40과

문법을 배우세요
읽다	⇒	읽을 정도로	맵다	⇒	매울 정도로
웃다	⇒	웃을 정도로	많다	⇒	많을 정도로
가다	⇒	갈 정도로	비싸다	⇒	비쌀 정도로
사다	⇒	살 정도로	멀다	⇒	멀 정도로
만들다	⇒	만들 정도로	시원하다	⇒	시원할 정도로

'-(으)ㄹ 정도로'를 사용해 알맞은 문장을 연결해 보세요
1. 사진만 봐도 웃음이 날 정도로 그 사람을 사랑해요.
2. 생각만 해도 침을 삼킬 정도로 그 음식은 맛있어요.
3. 보면서 계속 소리를 지를 정도로 무서운 영화였어요.
4. 손가락 하나 움직일 수 없을 정도로 피곤해요.

들어 보세요
1. ①, ③
2. ① O ② X ③ O

41과

문법을 배우세요
말하다	⇒	말할 수밖에 없다
빌리다	⇒	빌릴 수밖에 없다
쓰다	⇒	쓸 수밖에 없다

사다	⇒	살 수밖에 없다
생각하다	⇒	생각할 수밖에 없다
늦다	⇒	늦을 수밖에 없다
만나다	⇒	만날 수밖에 없다
듣다	⇒	들을 수밖에 없다
모르다	⇒	모를 수밖에 없다
참다	⇒	참을 수밖에 없다

대답해 보세요

① 날마다 야식을 먹으면 어떻게 될까요?
  ⇒ 살이 찔 수밖에 없지요.
② 왜 졸업을 못 했어요?
  ⇒ 돈이 없어서 포기할 수밖에 없었어요.
③ 곧 시험이에요.
  ⇒ 공부할 수밖에 없어요.
④ 왜 다리를 다쳤어요?
  ⇒ 불이 나서 2층에서 뛸 수밖에 없었어요.

들어 보세요

1 ②
2 ① O   ② X   ③ O

42과

문법을 배우세요

자다	⇒	자는 바람에
오다	⇒	오는 바람에
울다	⇒	우는 바람에
만들다	⇒	만드는 바람에
웃다	⇒	웃는 바람에
넘어지다	⇒	넘어지는 바람에
듣다	⇒	듣는 바람에
찍다	⇒	찍는 바람에
취소하다	⇒	취소하는 바람에
고장나다	⇒	고장나는 바람에

대답해 보세요

① 왜 이렇게 늦게 도착했어요?
  ⇒ 지하철을 반대로 타는 바람에 늦었어요.
② 시험 잘 봤어요?
  ⇒ 옆집 아기가 우는 바람에 잘 못 봤어요.
③ 여행 잘 다녀왔어요?
  ⇒ 태풍이 오는 바람에 호텔에만 있었어요.
④ 쇼핑 잘 했어요?
  ⇒ 지갑을 잃어버리는 바람에 구경만 했어요.

들어 보세요

1 ①
2 ① O   ② X   ③ O

43과

문법을 배우세요

읽다	⇒	읽기 마련이다
웃다	⇒	웃기 마련이다
가다	⇒	가기 마련이다
사다	⇒	사기 마련이다
만들다	⇒	만들기 마련이다
맵다	⇒	맵기 마련이다
많다	⇒	많기 마련이다
비싸다	⇒	비싸기 마련이다
힘들다	⇒	힘들기 마련이다
시원하다	⇒	시원하기 마련이다

'-기 마련이다'를 사용해 알맞은 문장을 만들어 보세요

① 아이들은 시간이 지나면 성숙해지기 마련이에요.
② 몸이 아프면 예민해지기 마련이에요.
③ 외국에 살면 그 나라 문화를 배우기 마련이에요.
④ 자취를 하면 집안일이 능숙해지기 마련이에요.

들어 보세요

1 ①
2 ① X   ② O   ③ X

44과

문법을 배우세요

읽다	⇒	읽을 게 뻔하다	맵다	⇒	매울 게 뻔하다
웃다	⇒	웃을 게 뻔하다	많다	⇒	많을 게 뻔하다
사다	⇒	살 게 뻔하다	멀다	⇒	멀 게 뻔하다
만들다	⇒	만들 게 뻔하다	시원하다	⇒	시원할 게 뻔하다

대답해 보세요

① 게임을 오래 하면 눈이 나빠지겠죠.
  ⇒ 네, 눈이 나빠질 게 뻔해요.
② 공부를 안 하면 점수가 나쁘겠죠.
  ⇒ 네, 점수가 나쁠 게 뻔해요.
③ 밤을 새우면 피곤할까요?
  ⇒ 네, 피곤할 게 뻔해요.
④ 한국 소설책을 읽는 건 어려울까요?
  ⇒ 네, 아직은 어려울 게 뻔해요.

APPENDIX

들어 보세요

1. ②
2. ① O　② O　③ X

45과

문법을 배우세요

읽다	⇒ 읽는 대로	보다	⇒	보는 대로
웃다	⇒ 웃는 대로	설명하다	⇒	설명하는 대로
가다	⇒ 가는 대로	말하다	⇒	말하는 대로
사다	⇒ 사는 대로	계약서	⇒	계약서대로
만들다	⇒ 만드는 대로	마음	⇒	마음대로

대답해 보세요

① 어릴 때 부모님이 시키는 대로 했어요?
　⇒　네, 부모님이 시키는 대로 했어요.

② 일할 때 정해진 순서대로 해요?
　⇒　네, 보통 순서대로 하는 편이에요.

③ 여행할 때 계획한 대로 여행해요?
　⇒　아니요. 계획한 대로 하지 않아요.

④ 살면서 가장 마음대로 한 일이 뭐예요?
　⇒　마음대로 학교에 안 갔어요.

들어 보세요

1. ①, ③
2. ① O　② X　③ X

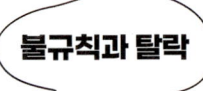

불규칙과 탈락 IRREGULAR

ㄷ 불규칙 2급 2과

받침 'ㄷ'이 모음과 결합할 때 받침 'ㄷ'이 받침 'ㄹ'로 변한다.

	-아/어요	-았/었어요	-(으)ㄹ 거예요	-아/어서	-고
듣다	들어요	들었어요	들을 거예요	들어서	듣고
걷다	걸어요	걸었어요	걸을 거예요	걸어서	걷고
묻다	물어요	물었어요	물을 거예요	물어서	묻고
싣다	실어요	실었어요	실을 거예요	실어서	싣고
*받다	받아요	받았어요	받을 거예요	받아서	받고
*닫다	닫아요	닫았어요	닫을 거예요	닫아서	닫고
*믿다	믿어요	믿었어요	믿을 거예요	믿어서	믿고
*얻다	얻어요	얻었어요	얻을 거예요	얻어서	얻고

ㅂ 불규칙 1급 27과

받침 'ㅂ'이 모음과 결합할 때 모음 'ㅜ'로 변한다.

	-아/어요	-았/었어요	-(으)ㄹ 거예요	-아/어서	-고
춥다	추워요	추웠어요	추울 거예요	추워서	춥고
덥다	더워요	더웠어요	더울 거예요	더워서	덥고
가볍다	가벼워요	가벼웠어요	가벼울 거예요	가벼워서	가볍고
무겁다	무거워요	무거웠어요	무거울 거예요	무거워서	무겁고
쉽다	쉬워요	쉬웠어요	쉬울 거예요	쉬워서	쉽고
어렵다	어려워요	어려웠어요	어려울 거예요	어려워서	어렵고
맵다	매워요	매웠어요	매울 거예요	매워서	맵고
돕다	도와요	도왔어요	도울 거예요	도와서	돕고

ㄹ 탈락　　1급 32과

'ㄹ' 받침으로 끝나는 동사/형용사는 어미와 결합할 때 '으'가 탈락한다. 그리고 'ㄴ, ㅂ, ㅅ'로 시작하는 어미와 만나면 'ㄹ'이 탈락한다.

	-아/어요	-으세요/세요	-습니다/ㅂ니다	-고	-네요	-(으)ㄹ 거예요
살다	살아요	사세요	삽니다	살고	사네요	살 거예요
열다	열어요	여세요	엽니다	열고	여네요	열 거예요
울다	울어요	우세요	웁니다	울고	우네요	울 거예요
놀다	놀아요	노세요	놉니다	놀고	노네요	놀 거예요
팔다	팔아요	파세요	팝니다	팔고	파네요	팔 거예요
알다	알아요	아세요	압니다	알고	아네요	알 거예요
만들다	만들어요	만드세요	만듭니다	만들고	만드네요	만들 거예요
밀다	밀어요	미세요	밉니다	밀고	미네요	밀 거예요
길다	길어요	기세요	깁니다	길고	기네요	길 거예요
멀다	멀어요	머세요	멉니다	멀고	머네요	멀 거예요

― 탈락　　1급 37과

모음 '―'로 끝나는 동사 뒤에 '-아/어-'로 시작하는 어미가 붙으면 '―'가 탈락한다.

	-아/어요	-으세요/세요	-습니다/ㅂ니다	-고	-네요	-(으)ㄹ까요
아프다	아파요	아프세요	아픕니다	아프고	아프네요	아플까요
바쁘다	바빠요	바쁘세요	바쁩니다	바쁘고	바쁘네요	바쁠까요
쓰다	써요	쓰세요	씁니다	쓰고	쓰네요	쓸까요
끄다	꺼요	끄세요	끕니다	끄고	끄네요	끌까요
예쁘다	예뻐요	예쁘세요	예쁩니다	예쁘고	예쁘네요	예쁠까요
나쁘다	나빠요	나쁘세요	나쁩니다	나쁘고	나쁘네요	나쁠까요
슬프다	슬퍼요		슬픕니다	슬프고	슬프네요	슬플까요

불규칙과 탈락

르 불규칙 `2급 43과`

어간의 끝소리인 '르'가 모음으로 시작되는 어미 앞에서 '르'의 'ㅡ'가 탈락하고 'ㄹ'이 첨가되는 것이다.

	-아/어요	-았/었어요	-(으)ㄹ 거예요	-(으)면	-고
자르다	잘라요	잘랐어요	자를 거예요	자르면	자르고
기르다	길러요	길렀어요	기를 거예요	기르면	기르고
빠르다	빨라요	빨랐어요	빠를 거예요	빠르면	빠르고
다르다	달라요	달랐어요	다를 거예요	다르면	다르고
모르다	몰라요	몰랐어요	모를 거예요	모르면	모르고
고르다	골라요	골랐어요	고를 거예요	고르면	고르고
서두르다	서둘러요	서둘렀어요	서두를 거예요	서두르면	서두르고

ㅅ 불규칙 `2급 45과`

받침 'ㅅ'이 모음과 결합할 때 탈락한다.

	-아/어요	-았/었어요	-(으)ㄹ 거예요	-(으)면	-고
낫다	나아요	나았어요	나을 거예요	나으면	낫고
짓다	지어요	지었어요	지을 거예요	지으면	짓고
붓다	부어요	부었어요	부을 거예요	부으면	붓고
긋다	그어요	그었어요	그을 거예요	그으면	긋고
잇다	이어요	이었어요	이을 거예요	이으면	잇고
젓다	저어요	저었어요	저을 거예요	저으면	젓고
*씻다	씻어요	씻었어요	씻을 거예요	씻으면	씻고
*웃다	웃어요	웃었어요	웃을 거예요	웃으면	웃고

ㅎ 불규칙   3급 6과

받침 'ㅎ'이 모음 '-아/어-'와 결합할 때 'ㅣ'로 변한다.
받침 'ㅎ'이 모음 '-으-'와 결합할 때 탈락한다.

	-아/어요	-았/었어요	-(으)ㄹ 거예요	-(으)면	-고
빨갛다	빨개요	빨갰어요	빨갈 거예요	빨가면	빨갛고
파랗다	파래요	파랬어요	파랄 거예요	파라면	파랗고
노랗다	노래요	노랬어요	노랄 거예요	노라면	노랗고
까맣다	까매요	까맸어요	까말 거예요	까마면	까맣고
하얗다	하얘요	하얬어요	하얄 거예요	하야면	하얗고
그렇다	그래요	그랬어요	그럴 거예요	그러면	그렇고
저렇다	저래요	저랬어요	저럴 거예요	저러면	저렇고
어떻다	어때요	어땠어요	어떨 거예요	어떠면	어떻고
*좋다	좋아요	좋았어요	좋을 거예요	좋으면	좋고
*넣다	넣어요	넣었어요	넣을 거예요	넣으면	넣고

어휘 구성표

INDEX

[ㄱ]

가계부
가리다
간식
간식거리
감동적이다
감상평
개혁하다
거래처
거리를 두다
거절하다
거짓
거짓말하다
건강 보험
건국하다
건의하다
검사
게으르다
겨우
겨우
겨우 찾다
결과
결석하다
결혼식
경제가 성장하다
계급
계속되다
계약서
고등학교
고민하다
고생하다
고용보험
곧
곰
공업
공익 근무 요원

공인중개사
과로
과제점수
관련되다
광역시
교육 기관
교육대학
구하다
국민건강보험
국민기초생활보장제도
국민연금
국방부
국회
군대
귀중품
귀화 신청
규칙적
그리다
근무 시간
글쓴이
금방
금이 가다
급속충전
급하게
기관
기부하다
기분
기억이 나다
기운이 빠지다
기차를 놓치다
기획재정부
기획팀
깨다
꼭
꾀병
꾸준히
꾸중을 듣다
끊다
끝나다

[ㄴ]

남동쪽
남쪽
낫다
낳다
내무반
내복
넓히다
넘어지다
노래를 부르다
노선
노약자석
논문
놀라다
농사
농사를 짓다
누르다
눈병
눈코 뜰 새 없다
눕다
능력
능숙하다

[ㄷ]

다리가 저리다
다이어트하다
다치다
다행이다
단군왕검
단기체류자
담보
당연하다
당연히
당일치기
당장
당직을 서다
대기업
대책을 마련하다
대출
대표자
대한제국
덮다
도
도로 가다
도청
독립운동
돌다
돌봐 주다
돌잡이
돕다
동영상을 찍다
동창회
드라마에 빠지다
드레스
들르다
등기부등본
등록금
등산화
따라오다
따로
땀을 흘리다
땅에 묻다
뛰다
뛰어오다
뜻

[ㄹ]

로맨틱 코미디

[ㅁ]

마음이 쓰이다
만 N세
만보
만주 지방
말다툼
말도 마세요

맛을 보다
맛의 비결
망가뜨리다
맞다
맡다
매달
매진되다
맨손체조
머리가 멍하다
면제
면제
멸망하다
모니터
모르는 척하다
목감기
몸이 뻐근하다
무리하다
무역
무역 대국
무해하다
문상객
문제가 생기다
문화
문화 차이
문화센터
물가
물가가 오르다
미끄러지다
미끄럽다
미래
미역국
민법
민사
민주주의

[ㅂ]

바가지를 씌우다
바람을 맞히다
반갑다

반대편
반도체
반창고를 붙이다
받아들이다
발견하다
발달하다
발령나다
발음
발표가 나다
밤낮없이
방송통신대학
방역 업체
방학 계획
배상
배우
배터리
백성
버킷리스트
범죄
법원
법치주의
벼농사
변호사
별로
병역의 의무
복구 작업
복잡하다
복지
복지제도
부동산
부르다
부자
부족
분단되다
분리되다
불가피하게
불안하다
불이 나다
불편하다
붙다

비교하다
비녀를 하다
비밀
비상근무
비율
빼앗다
뼈
뿌리다

[ㅅ]

사범대학
사법부
사이버대학
사회 보험
산 정상
산모
산업 분야
산업재해보상보험
산후조리
살이 빠지다
삼국유사
상담하다
상인
상쾌하다
상투를 틀다
새로
생각이 나다
생각하다
생활패턴
서다
서두르다
서비스를 부르다
서운해하다
서해
석사 학위
선거
선명하다
선진국
설레다

성년의 날
성실하다
세력
소개팅을 하다
소련
속다
속상해하다
손을 베다
수능시험
수당을 받다
수도
수도권
순간이동
술을 끊다
스카우트
스케줄
스쿼트
스펙
승진하다
시간 조정
시간을 내다
시간을 맞추다
시설
시위
식민지
식욕
식중독
신경이 쓰이다
신나다
신랑
신부
신입 사원
신체검사
신혼여행
실
실력이 늘다
실수하다
심각하다
심야영화
쓰러지다

[ㅇ]

아담하다
아라비아
아이디어
아직
아직
알다
야근하다
어른
어린이집
어색하다
어울리다
어쩌다가
얼마 없다
업무
여러 나라
여보
연금
연기
연애하다
연장
연출
연필
열쇠
엿
영남
영웅
영주권
영토
예민해지다
예산
예술
예식장
완전하다
왕자
외교부
외국인등록
용도
우주여행

운영하다
운항
원래
원하다
위로하다
유교
유급하다
유산소운동
유치원
유행이다
의료급여제도
의무교육
의미하다
의사소통하다
이겨내다
이따가
이때
이불
이직하다
익다
익숙하다
인구
인기가 없다
인기가 있다
인사팀
인원수
인체
일반
일찍 나서다
임대인
입대하다
입법부
입사하다
입장하다

[ㅈ]

자료
자세를 바로 하다
자원

자판
잔소리
잡다
장기체류자
장례식
장례식장
장미꽃
재시험에 걸리다
재조정
저금하다
저지르다
저축을 하다
적응
적응하다
전문 기술
전문대학
전쟁
절하다
점수가 잘 나오다
점점
접하다
정기 소독
정당
정리하다
정부
정상에 오르다
정신이 없다
정장
정치
제 시간
제대하다
제도
제출하다
조건
조의금
족욕
주머니
주문을 넣다
주민센터
주택임대차보호법

죽다
줄을 서다
중간에 끊다
중단
중요하다
즐겁다
지구
지다
지루하다
지병이 있다
지역
지워 버리다
지원자
지저분하다
지치다
직업 전문교육
진급
진찰대
집회
짚라인
짜다
짜증을 내다
찢어지다

[ㅊ]

차선
착불
참기름
창시자
채식주의자
챙기다
차 키
참여하다
찹쌀떡
처리하다
처벌받다
첫눈
청동기
청와대

청원
청첩장
체류지
체류지 변경 신고
체육
초과하다
초능력
초등학교
초콜릿
촛불
최대한
추가
추가수당
추천하다
축의금
출장이 잡히다
충성
취미 관련
측우기
치료하다
침략을 받다
침략하다

[ㅋ]

커피 머신
컨디션이 좋아지다
큰일 나다

[ㅌ]

태어나다
토하다
통일 국가
통일신라
통일하다
투표하다
트위터
특별시
특별자치도

특별자치시
특별하다
특성화
특수 목적
특수 분야
팀장

[ㅍ]

파괴되다
파일
판매 중단
편식하다
평생교육
평생교육원
폐백
포기하다
폭발하다
표현 방법
품절
프로젝트
피고인
피부가 좋다
피해를 받다

[ㅎ]

하긴
하늘나라
하품을 하다
학사 학위
학위를 따다
한국 전쟁
한반도
한복
한적하다
할말
항복하다
해고당하다
해킹

행사
행정
행정부
향수
향수병
허기지다
허리를 삐다
허벅지
현역
형법
호남
혹시 모르니까
혼란하다
혼이 나다
홈 트레이닝
화면
화상을 입다
화소
화장하다
확인하다
확정일자
활발하다
회원가입
횡단보도
효도
휴전 상태
휴전하다
흥미롭다
흥미진진하다
힘이 세다

[기타]

2차 세계대전
38도 선
N끼리
N년제
PPT

발 행 일	초판 1쇄 2025년 10월 29일
발 행 처	㈜도서출판 참
발 행 인	오세형
편 저	TOPIK KOREA
집 필 진	이영은(문화학 박사)
	김지용(한국어교육학 박사)
디 자 인	보스코
일러스트	펜끗
주 소	서울특별시 구로구 디지털로271 702호
전 화	02-6347-5071
팩 스	02-6347-5075
홈페이지	http://www.chambooks.kr
등록번호	제2510-2022-000090호

Copyright 2024 ⓒ ㈜도서출판 참
* 이 책은 저작권 법에 의해 보호를 받는 저작물입니다.
* 서면에 의한 허락 없이 내용의 일부 또는 전체를 인용하거나 발췌하는 것을 금합니다.
　All rights reserved.
　No part of this book may be reproduced, without the written permission from the publisher.